Gott hat mehr für dich!

Mutmachendes, Erfrischendes und Richtungsweisendes für deinen Alltag

BAND 2

Sigrid Baron

© Gottes Haus
Sigrid und Martin Baron

Text: Sigrid Baron
Lektorat: Siglinde Rüppel
Grafik: Isabelle Brasche · www.macbelle.de
Satz: Roland Senkel · www.pixxelwahnsinn.de
Fotos: bigstockphoto.com, verenahahnelt.de, privat

In diesem Buch werden mit Ausnahme der Bibelzitate die Begriffe
„teufel", „satan", „feind" usw. kleingeschrieben.

Sämtliche Bibelstellen sind, soweit nicht anders angegeben, der Revidierten Elberfelder Bibel © 1985,
1991, 2006, SCM R. Brockhaus im SCM Verlag GmbH & Co. KG, Witten entnommen worden.

Sofern angegeben wurde ebenfalls verwendet:
Neues Leben Bibel, © 2006, SCM R. Brockhaus im SCM-Verlag GmbH & Co. KG, Witten.
Neue Genfer Übersetzung – Neues Testament und Psalmen, © 2011 Genfer Bibelgesellschaft.
Lutherbibel, revidierter Text 1984, durchgesehene Ausgabe, © 1999 Deutsche Bibelgesellschaft, Stuttgart

1. Auflage 2020
ISBN 978-3-943033-33-5

Nachdruck, auch auszugsweise,
nur mit schriftlicher Genehmigung des Herausgebers.

info@gottes-haus.de
www.gottes-haus.de

Er gebe euch nach dem **Reichtum** *seiner Herrlichkeit,*
- *mit* **Kraft** *gestärkt zu werden durch seinen Geist an dem inneren Menschen;*
- *dass der Christus durch den Glauben in euren Herzen wohne*
- *und ihr in* **Liebe** *gewurzelt und gegründet seid,*
- *damit ihr imstande seid, mit allen Heiligen völlig zu erfassen, was die Breite und Länge und Höhe und Tiefe ist,*
- *und zu erkennen die die* **Erkenntnis** *übersteigende* **Liebe** *des Christus,*
- *damit ihr erfüllt werdet* **zur ganzen Fülle Gottes**.

Epheser 3,16-19

Widmung

Ich widme dieses Buch:

all den Menschen, die mitten in der Bedrängnis und den Herausforderungen ihres Alltags lernen, den Blick zu erheben und auf Jesus, den Anfänger und Vollender ihres Glaubens zu schauen;

all denen, die aufstehen, mutig im Vertrauen auf den Herrn die Initiative ergreifen und entschlossen in ihre Bestimmung hineingehen;

all denen, die die Verheißungen Gottes für ihr Leben ernstnehmen und die glauben, dass Gott mehr für sie hat.

Sigrid Baron

Inhaltsverzeichnis

Einleitung	10
Loslassen	17
Vom Zerbruch zum Aufbruch	21
Entmutigung findet man an jeder Ecke	31
Wem glaubst du mehr?	34
In Seinen Händen	36
Dein Leben ist bewahrt	38
Wenn dir Beten schwerfällt …	41
Zum Segen berufen	44
Im Feuer und im Wasser	47
Wo bekomme ich Hilfe?	49
Der gute Kampf und das Training	51
Zustande kommen die Pläne des Herrn	53
Guter Same auf gutem Boden	55
Lauf nicht weg!	57
Edelsteine aus Seinem Wort	61
Neubeginn	64
Ich habe keine Lust mehr	71
Zum Greifen nahe	75
Vergeben und vergessen?	79
Gerade jetzt!	81
Auf Empfang mit Gott	83
Zur Freiheit befreit	89
Ein geniales Kinderspiel	92
Lass dich nicht überwältigen	94
Zu Seinen Füßen	97
Licht für deinen Weg	99
Reise mit leichtem Gepäck	101

Beraubtes Leben, verbrannte Ernte	103
Schlecht geschlafen?	105
Vorsicht – empfindlich!	107
Heiter trotz wolkig	109
Die Notrufnummer	111
Lass dich verändern	113
Hunger nach Gott	115
Die Riesen deines Lebens	117
Fühlst du dich allein?	119
Ein Vorratshaus des Herrn	122
Auszug und Einzug	124
Scherbenhaufen?	126
Der Feuerplatz	128
Zeichnen ohne Radiergummi	131
Eine morgendliche Überraschung	133
Warum geschlossene Türen	135
manchmal gut sind	135
Angst versus Glaube	137
Das Bambus-Potenzial	141
Was rede ich da eigentlich?	143
Hast du vorgesorgt?	145
Kampf und fette Beute	147
Er hält an dir fest	155
Widerstandsbewegung	157
An den Herrn hängen	161
Die Sache mit der Wüste	163
Trink vom Heiligen Geist	167
Erinnere dich!	169
Vorbereiteter Segen	171
Nebelsonne	173

Vorbereitung im Verborgenen	176
Das alte Stoppschild	184
Handicap	187
Entdeckungen in Psalm 62	189
Einmal Emmaus und zurück!	191
Die offene Tür	199
Die Namen des Herrn	205

Einleitung

Die Perlen der Überwinderin

Meine Großmutter habe ich als eine sehr freundliche und sanftmütige Frau in Erinnerung. Sie hat in ihrem langen Leben viel erlebt und durchlitten. Aber sie hat nicht zugelassen, dass das Schwere ihr Herz bitter machen konnte und Schönes vermochte sie bis zu ihrem Lebensende zu genießen und sich daran zu freuen. Sie konnte stets mit Wenigem leben und das so, als hätte sie den Überfluss.

Ich verbinde – neben vielem anderen – ein besonderes Erlebnis mit ihr, das jedoch erst geschah, nachdem der Herr sie schon lange zu sich geholt hatte.

Sie hatte mir eine wertvolle Perlenkette hinterlassen, die sie immer zu besonderen und herausragenden Anlässen mit großer Würde getragen hatte. Ich hütete diesen kostbaren Schatz. Zu meiner Hochzeit trug ich sie und ansonsten lag sie in meinem Schmuckkästchen – für die ganz besonderen Momente des Lebens.

Jahre später war wieder einmal ein solcher Anlass gekommen. Wir hatten eine sehr außergewöhnliche Einladung erhalten und mussten auch dementsprechende Kleidung wählen. Dabei durfte der Schmuck für mich natürlich nicht fehlen. Als ich diese besondere Perlenkette anlegen wollte, bemerkte ich, dass der Verschluss nicht mehr richtig funktionierte. Schade. Das musste dringend repariert werden, war ich doch diesem edlen Erbstück vor allem auch innerlich verpflichtet.

Ich brachte die Kette zu einem Juwelier, zu einem guten und teuren. Er gehörte zu den Geschäftskunden, mit denen mein Mann in jener Zeit zusammenarbeitete. Wir waren dort also bekannt.

Als ich mein Anliegen der geschulten und fachlich versierten Mitarbeiterin schilderte, ließ diese die Kette durch die Finger gleiten und schaute mich etwas irritiert an. Sie setzte die Lupe auf, um jede Perle einzeln genau zu betrachten. Dann sagte sie höflich: „Frau Baron, ich denke, es lohnt sich nicht, einen Verschluss von uns anfertigen zu lassen. Wenn Sie zum großen Warenhaus vorne an der Ecke gehen, bekommen Sie für den Preis des Verschlusses gleich eine ganz neue Kette. Diese Perlen hier sind nicht echt. Darf ich Ihnen einige unserer Perlenketten vorlegen?"

Um meine irritierte Betroffenheit etwas zu überspielen, stimmte ich zu. Doch selbst für ein Perlenarmband hätte unser Budget zu diesem Zeitpunkt nicht gereicht. Ich verabschiedete mich und verließ das Geschäft. Zuerst hatte ich mit Ärger und durchaus auch etwas Zorn über die Peinlichkeit der Situation zu kämpfen. Doch dann dachte ich an meine Großmutter und musste lächeln. Mit welchem Stolz und welcher Würde hatte sie diese Perlen immer getragen! Und als ich darüber nachdachte: Natürlich, echte Perlen hatte sie sich nicht leisten können. Und doch: Sie war in vielen Dingen und Situationen ihres Lebens eine echte Überwinderin gewesen und hatte sich von vielen Unmöglichkeiten nicht zurückhalten lassen, sondern sie mit Würde und einem Lächeln übergangen.

Echte Perlen sind kostbar, denn sie sind etwas Besonderes. Das gilt auch im Geistlichen. Perlen stehen in unserem Glaubensleben immer als Zeichen des Überwindens. Wenn man eine echte Perle nimmt und sie durchtrennt, wird man in der Mitte immer ein „Problem" finden. Ich meine damit Folgendes: Die Muschel, in der die Perle einst entstand, erlebte irgendwann einen „Eindringling", wie zum Beispiel ein Sandkorn oder ein Steinchen, das sich plötzlich in ihrem Inneren befand. Es war etwas, was Schmerz verursachte, was nicht zu ihr gehörte, was eigentlich gar nicht da sein durfte. Sie vermochte es selbst nicht loszuwerden und so begann sie es mit Perlmuttsubstanz zu versiegeln, zu ummanteln, zu umhüllen. Es musste dieses Problem, diese Störung, geben, damit die Perle überhaupt erst entstehen konnte. Jede Perle ist letztlich nichts anderes als die „Umhüllung", mit der die Muschel diese Problematik, diese Schwierigkeit überwunden hat. Ohne „Problem" keine Perle.

Im Geistlichen stehen Perlen deshalb immer für Herausforderungen, die wir überwunden haben. Und das ist wirklich etwas Kostbares, nicht wahr?

In der Bibel erzählt Jesus das Gleichnis von einem Kaufmann, der alles, was er besaß, verkaufte, um die eine vollkommene Perle erstehen zu können. Er gab alles auf, nur um eine einzige Perle zu besitzen – was für ein eigentümliches Gleichnis! Ich glaube, dass mit dem Kaufmann der Herr gemeint ist, Jesus Christus, der alles aufgab, um uns, Seine Braut, zu gewinnen – das Kostbarste, was es für Ihn gab und gibt:

*Wiederum gleicht das Reich der Himmel einem Kaufmann, der schöne Perlen suchte; als er aber eine **sehr kostbare Perle** gefunden hatte, ging er hin und verkaufte alles, was er hatte, und kaufte sie.*
Matthäus 13,45-46

Denn in der Offenbarung, die Johannes sieht, wird uns ebenfalls von Perlen ganz besonderer Art berichtet. Da der Seher in die himmlische Dimension hineinsieht und das, was er sieht, mit irdischen Worten und Bildern zu beschreiben versucht, übersteigt der Text oft unsere Vorstellungskraft. So wird von ihm genau diese Braut Christi, für die der Herr alles gegeben hat, mit einer prachtvollen, äußerst ungewöhnlichen Stadt verglichen, die aus dem Himmel herabkam:

*Und ich sah die heilige **Stadt**, das neue Jerusalem, aus dem Himmel von Gott herabkommen, bereitet wie eine für ihren Mann geschmückte **Braut**.*
Offenbarung 21,2

Diese Stadt besitzt zwölf Tore, die aus einem besonderen Material geschaffen sind, nicht aus Gold, nicht aus Silber und auch nicht aus Diamanten oder anderen Edelsteinen. Jedes dieser gewaltigen Tore besteht aus einer einzigen Perle:

*Und die zwölf Tore waren zwölf **Perlen**, je eines der Tore war aus einer **Perle**, und die Straße der Stadt reines Gold, wie durchsichtiges Glas.*
Offenbarung 21,21

Die Bibel spricht von den Gläubigen als den Überwindern. Sie sind diejenigen, die trotz allem, was ihnen in ihrem Leben entgegenstand, trotz aller Attacken, Schmerzen und Herausforderungen im Glauben an Jesus Christus, der einzigen Hoffnung, festgehalten und so die Widerstände ihres Lebens überwunden haben.

*Und sie haben ihn **überwunden** wegen des Blutes des Lammes und wegen des Wortes ihres Zeugnisses, und sie haben ihr Leben nicht geliebt bis zum Tod!*
Offenbarung 12,11

Welches ist heute dein Problem, dein „Eindringling", deine „Störung", deine Situation, deine schier unüberwindbare Herausforderung, deine Last? Wo geht es bei dir heute darum, genau das, was diesen Schmerz verursacht, zu überwinden? Sei gewiss: Es kann etwas Einzigartiges und Kostbares daraus entstehen.

Und für uns als Söhne und Töchter des himmlischen Vaters, die zu Überwindern, zu Problembewältigern, zu Schwierigkeitenmeisternden werden, gibt es eine wundervolle Verheißung:

*Wer **überwindet**, dem werde ich geben, mit mir auf meinem Thron zu sitzen, wie auch ich überwunden und mich mit meinem Vater auf seinen Thron gesetzt habe.*
Offenbarung 3,21

Für mich ist dieses Buch wie eine Perlenkette, die ich für dich geknüpft habe. Es sind Perlen, große und kleine Kostbarkeiten, gut zu lesende, überschaubare Texte und Gedanken, die davon erzählen, wie du trotz all der widrigen Umstände und Herausforderungen in deinem „alltäglichen Alltag" überwinden kannst.

Lass dich durch meine Perlen-Geschichten ermutigen.

Gott hat mehr für dich!

Deine Sigrid

Ach übrigens: Ich trage noch heute zu wirklich besonderen und herausragenden Anlässen mit großer Freude und Würde eine ganz spezielle Perlenkette. Sie gehörte einst meiner Großmutter …

Loslassen

Es war im frühen Morgengrauen, als ich mit verspannten Muskeln und Schmerzen aufwachte. Ich fühlte mich elend, doch es waren nicht nur körperliche Schmerzen, die ich spürte, nein, sie kamen von ganz tief, aus meinem inneren Menschen – aus meinem Herzen.

„Herr Jesus, was ist das?", betete ich in der beklemmenden Situation.

Im nächsten Augenblick sah ich mich auf einer Felsklippe stehen, die steil über einem Abgrund aufragte. Ich hielt ein dickes Seil in meinen beiden Händen; ein Seil, wie es Bergsteiger verwenden, wenn sie einen Menschen sichern. Tatsächlich hatte ich den Eindruck, dass am anderen Ende des Seils ein Mensch hing, der von mir mit aller Kraft festgehalten und gesichert werden musste. Ich hatte die Verantwortung, ich hatte dafür Sorge zu tragen, dass ihm nichts passierte. Es lag an mir …

Meine Hände umklammerten das Seil, ich konnte die Anspannung in meinem ganzen Körper spüren. Es war anstrengend, forderte meine ganze Kraft. Wie lange tat ich das? Keine Ahnung, das Szenario kam mir fast vertraut vor.

Eine psychologisch geschulte Person kam vorbei und riet mir, das Seil doch einfach loszulassen, dann würde es mir bestimmt besser gehen und ich würde mich frei fühlen. Loslassen? Niemals! Nicht auszudenken, was dann passieren würde. Schulterzuckend ging die Person weiter.

Dann hörte ich plötzlich von unten Geräusche, Stimmen, einige Rufe. Etwas Geröll rutschte, einige Steine kullerten.

Langsam kroch ich zur Kante, um besser sehen zu können, was dort geschah, das Seil noch immer fest in den Händen.

Unten war ein Rettungstrupp angekommen und der Leiter rief mir zu, ich könnte jetzt das Seil loslassen, er würde sich darum kümmern.

Fiel denn niemandem etwas Besseres ein als dieser Spruch?

Wieder beugte ich mich über die Kante. Unten waren warme Decken, eine Liege, Wasser und ein Erste-Hilfe-Koffer zu sehen. Der Leiter rief wieder:

„Sie können jetzt loslassen. Ich bin gekommen, zu helfen und zu retten!"

Seine Stimme klang ruhig aber doch auch bestimmt, vertrauenswürdig und irgendwie gelassen; wissend, was er tat.

Ich hielt das Seil fest.

Da unten war alles in Licht getaucht und man schien gut vorbereitet zu sein. Wieder hörte ich seine Stimme. Irgendwie tröstlich, ermutigend, verlässlich.

Doch noch immer hielten meine Finger das Seil fest umschlossen, fast verkrampft.

Was, wenn er wieder gehen würde? Was, wenn es ein Irrtum war? Was, wenn er jemand anderen meinte?

Ich hatte keinen Plan, was ich machen sollte. Sollte ich seiner Stimme vertrauen – einfach so? Langsam ließ ich ein wenig Seil durch meine Hände gleiten. Dann packte ich wieder fester zu und hielt es fest. Nach einiger Zeit entschloss ich mich, wieder etwas von dem Seil nachzulassen. Ich weiß nicht, wie lange dieses Hin und Her dauerte.

Aber irgendwann wurde die Stimme des Leiters des Rettungstrupps stärker, befehlender, entschlossener. Es klang so, als würde jetzt jeder Augenblick zählen, um ein Menschenleben zu retten. Er befahl mir loszulassen.

Ich ließ los.

Dann vernahm ich das Klicken von Gurtschnallen, einige kurze Anordnungen, feste Schritte auf den rieselnden Steinen und ich wusste:

Gerettet! Sicher!

Wenige Augenblicke später schlief ich ein.

Vielleicht findest du dich in diesem Bild wieder. In einer bedrängenden Situation, von der du glaubst, dass du sie festhalten musst. Dass du nicht loslassen kannst, damit nicht … Vielleicht geht es um Menschen, von denen du denkst, dass du sie festhalten willst oder sollst.

Egal, was es ist, wir denken oft, dass wir die Dinge im Griff behalten müssen. Aber letztendlich haben sie uns im Griff. Sie bestimmen, wie wir uns fühlen. Und so reagieren wir oft mit Schuldgefühlen, Frustration oder resignieren unter den Umständen. Wir scheinen festzustecken und sehen keinen Ausweg aus der Situation heraus. Wir sind nicht frei. Wie ich auch, solltest du dich entscheiden, im Vertrauen auf Jesus die Dinge, Personen, Umstände oder ungelösten Fragen in Seine Hände zu übergeben. Er ist der Versorger, Er ist der, in dessen Händen die „Unmöglichkeiten" deines und meines Lebens am besten aufgehoben sind. Und mag es auch ein Meer von Unmöglichkeiten sein, jeder Tropfen kann zu einem Wunder für dich werden. Gott ist der „Planer der Wunder"[1] und Er hat die Lösung. Er kann dem Sturm gebieten und die Wellen werden sich beugen müssen. Lass gerade jetzt Zuversicht dein Herz erfüllen.

***Alle eure Sorge werft auf ihn**; denn er sorgt für euch.*
1.Petrus 5,7 – Luther

*Wirf auf den HERRN **deine Last**, und er wird dich erhalten; er wird nimmermehr zulassen, dass der Gerechte wankt.*
Psalm 55,23

Werft nun eure Zuversicht nicht weg, die eine große Belohnung hat.
Hebräer 10,35

---

1   Jesaja 9,4

Vom Zerbruch zum Aufbruch

Die Frau saß am Fenster und blickte über die weiten Gerstenfelder, die sich langsam golden färbten. Ein stilles Lächeln lag auf ihrem Gesicht, als sie das kleine Kind, das zufrieden schlafend auf ihrem Schoß lag, anblickte. Sie strich dem Jungen zart über den Kopf. Nein, es war nicht ihr Enkelkind, es war nicht aus direkter Linie ihrer eigenen Söhne. Doch sie hatte einen großen Anteil an der Geburt dieses Kindes.

Und während sie dasaß, gingen ihre Gedanken die lange Straße ihres Lebens zurück.

Ihre Eltern hatten ihr den Namen Naomi gegeben, damals, vor so langer Zeit. Ein Name, der „meine Freude", „Wonne" oder „lieblich" bedeutet. Dieser Name hatte ihrem Wesen entsprochen. Als sie ins heiratsfähige Alter kam, hatte sie Elimelech geheiratet. Sie hatte ihn geliebt. Und er sie. Auch sein Name war von großer Bedeutung und hatte ihr immer gut gefallen: „Mein Gott ist König". Ja, das sollte damals ihr Lebensprogramm sein, davon waren sie beide überzeugt gewesen. Gott allein sollte König sein in ihren Entscheidungen, in ihrer Familie und auf allen ihren Wegen.

Wer kennt sie nicht? Naomi, die Schwiegermutter der Rut und Mit-Hauptakteurin in einer der ergreifendsten Begebenheiten, die uns die Bibel berichtet. Naomi lebte in Bethlehem und brachte dort zwei Söhne zur Welt. Den einen nannten sie Machlon, was „krank" und den anderen Kiljon, was „hinfällig" bedeutet. Beide Söhne waren offensichtlich nicht die stärksten und gesündesten gewesen – und ihre Eltern waren besorgt um sie.

Bald schon zeichnete sich eine ernsthafte Krise ab: Es gab immer weniger Versorgung, immer weniger Nahrung, immer weniger Brot, obwohl sie in Bethlehem wohnten, dem „Haus des Brotes" im Land Juda, dem Land des „Lobpreises". Ihre Zukunft schien äußerst gefährdet und so traf das Ehepaar eine folgenschwere Entscheidung. Sie zogen fort in ein fremdes Land, ein Land in Richtung der Wüste, ins Nachbarland Moab.

Naomi konnte sich daran erinnern, wie schwer ihr das Einleben in dieses fremde und andersartige Volk fiel. Und nur für kurze Zeit fand die Familie die erhoffte Versorgung, denn dort, fern der Heimat, starb ihr Mann Elimelech. Für Naomi ein tief sitzender Schock. Jetzt musste sie allein für sich und die beiden Kinder sorgen, als Witwe in einem heidnischen Land. Aber selbst in dieser Situation dachte sie, dass sie das alles irgendwie schaffen würde. Die Söhne wurden erwachsen und suchten sich Ehefrauen aus ihrer Umgebung, Frauen aus Moab.

Jahre gingen ins Land. Sie hatte sich damals vorgenommen, diese beiden jungen Frauen zu unterstützen, so gut sie es konnte. Sie wollte einen guten Kontakt zu ihren Schwiegertöchtern aufbauen – und es gelang ihr. Naomi betete immer wieder zu Gott und hoffte auf Seine Hilfe und Sein Eingreifen. Sie wollte den beiden helfen, ihnen mit Rat und Tat zur Seite stehen. Und bald schon hatten die beiden jungen Frauen dies bitter nötig. Denn jeden Monat entdeckten sie aufs Neue, dass sich keine Schwangerschaft einstellen wollte. Oft waren sie am Weinen, manchmal fast am Verzweifeln. Wie gut Naomi sie verstand. Nein, sie hatte keine Antwort auf die drängenden Fragen, sie konnte nur die Tränen trocknen und die jungen Ehepaare immer wieder ermutigen, die Hoffnung nicht aufzugeben.

Doch bald schon kam eine weitere Tragödie in ihr Leben. Die Prüfungszeit war bei Weitem noch nicht zu Ende. Ihr Sohn Machlon wurde krank und die Hoffnung auf Besserung schwand immer mehr. Er starb und bald darauf auch ihr zweiter Sohn Kiljon. Alles, was in und um Naomi erschüttert werden konnte, wurde erschüttert. Welch eine Tragödie.

Die Frau am Fenster seufzte unhörbar und lauschte etwas in sich hinein: Ja, das war eine schlimme Zeit damals, eine dunkle Zeit. Damals schien ihr Leben am Ende zu sein. Es gab keinen Ausweg. Wofür sollte sie jetzt noch leben? Wo war der Sinn in diesem Ganzen? Womit hatte sie das verdient? Vor ihr lagen nichts anderes als Elend, Armut und Not. Doch das Schlimmste war gewesen, als sie damals feststellte, wie sich ihr Herz immer mehr verhärtet hatte und sie bitter geworden war. Eine bittere Frau! Nie im Leben hätte sie das von sich gedacht, nie im Entferntesten von sich erwartet. Ja, sie hatte gegen Gott geklagt und gemurrt. Sie wurde von den immer wieder auf sie einprasselnden Fragen nach dem „Warum" geplagt, und fand doch keine Antwort. Bitterkeit hatte in ihrem Herzen Wurzeln geschlagen und wucherte wie Unkraut.

Dann, inmitten ihres Ringens mit der Verzweiflung, hatte sie sich an zuhause erinnert, an ihre Heimat, an Bethlehem, die Stadt ihrer Väter. Und sie hatte gehört, dass die Zeit der Not in Bethlehem schon lange vorbei sei. Es gab wieder Brot. Was sollte sie hier noch halten? Nein, dies war nicht der Ort, an dem sie begraben sein wollte.

Naomi lächelte still in sich hinein. Nun, damals war es zunächst nur ein kleiner Gedanke gewesen, den sie wahrgenommen hatte. Nicht mehr als ein kurzer Gedankenblitz. Doch immer mehr reifte der Entschluss in ihrem Herzen: Ja! Ich werde nach Hause gehen! Sie erinnerte sich an den Tag, an dem sie den beiden Schwiegertöchtern, die schon so früh Witwen geworden waren, ihren Beschluss mitgeteilt und mit dem Packen begonnen hatte. Die beiden jungen Frauen packten auch, denn die Mutter allein ziehen lassen, das ging nicht. Sie waren für sie verantwortlich, das war Recht und Gesetz. Man durfte sie nicht allein ziehen lassen und so hatten sie sich zu dritt auf den Weg gemacht.

Unterwegs hatte Naomi immer wieder über die beiden jungen Frauen nachgedacht und ihnen zugeredet, doch in ihrer Heimat zu bleiben. Sie erinnerte sich noch, wie sie mit aller Überzeugungskraft immer wieder riet, doch wieder umzukehren, noch einmal zu heiraten und eine Familie in ihrer Heimat und ihrem Volk zu gründen. Es waren bewegende Stunden, in denen sie unterwegs waren, miteinander sprachen und zusammen weinten. Orpa nahm schließlich ihren Rat an und entschied sich, zu ihrem Volk zurückzukehren, doch Rut weigerte sich standhaft. Sie wollte und musste bei Naomi bleiben.[2]

So waren sie damals zusammen in Bethlehem angekommen und hatten für große Aufregung gesorgt. Wie ein Lauffeuer verbreitete sich die Nachricht, dass Naomi zurückgekehrt sei, und viele kamen, um sie zu begrüßen. Doch es gab nicht viel Gutes, was sie zu berichten wusste. Weinend und mit leeren Händen war sie zurückgekommen … Nein, nicht mit leeren Händen – sie hatte ja eine junge Frau bei sich, eine ernsthafte, treue und aufrichtige junge Frau. Und dafür dankte sie bis heute dem Gott ihrer Väter, dem Allmächtigen, der sie hierher zurückgebracht hatte.

---

[2] Rut 1,11-17

Wenn wir die Lebensgeschichte dieser Frau betrachten, die Gott so wichtig ist, dass Er uns in Seinem Wort ausführlich daran teilhaben lässt, werden wir feststellen, dass Naomi in dieser Situation an einem weiteren tragischen Punkt in ihrem Leben ankam. Als sie das Altvertraute ihrer Heimat, die Häuser, die Menschen wiedersah, brach es wie ein lang angestauter See bitteren Wassers aus ihr heraus. Sie bekannte im Stadttor vor Gott und Menschen ihre innere Verfassung:

Nennt mich nicht Naomi, nennt mich Mara! Denn der Allmächtige hat mir sehr bitteres Leid zugefügt. Voll bin ich gegangen, und leer hat mich der Herr zurückkehren lassen. Warum nennt ihr mich Naomi, da der Herr gegen mich ausgesagt und der Allmächtige mir Böses getan hat?
Rut 1,20-21

Der Damm, den sie mühsam aufrecht zu halten versucht hatte, war gebrochen. Sie war wieder in ihrer Heimat … und gleichzeitig am Endpunkt angekommen. Dies war der Ausgangspunkt, von dem aus sie vor so vielen Jahren hoffnungsvoll in ihr Leben gestartet war – und genau hier war sie verbittert wieder angelangt.

Doch für Gott bedeutete Naomis Situation keinesfalls den Endpunkt, sondern einen neuen Startschuss. Etwas Neues sollte in ihrem Leben beginnen. Etwas Größeres, als Naomi jemals erahnen konnte. Gott war nicht überrascht über ihre Worte, ihr Murren und ihre bittere Anklage. Er war nicht überrascht über ihre Vorwürfe. Er hatte all dies schon längst in ihrem Herzen gesehen. Er wusste, was in ihrem Herzen verborgen war. Er kannte Naomi.

Er liebte sie. Und Er hatte sie in einen Läuterungsprozess hineingenommen, der nun bald ein Ende finden sollte.

An Naomis Leben und der darin liegenden Führung Gottes sehen wir Seine unumstößlichen Zukunftspläne, Sein Handeln an Seinem Volk und der ganzen Menschheit, denn Er hatte die Rettung – den „Löser" – vorbereitet.

Wenn ich über das Leben dieser Frau lese oder nachdenke, fällt mir das Bild des Silberschmelzens ein. Das ist für mich ein treffendes Beispiel. Es geht um den Läuterungsprozess, in dem wir uns alle in verschiedenen Lebensabschnitten wiederfinden. Der Begriff Läuterung beinhaltet so viel wie: bereinigen, lösen, ablagern, reif werden. Aber auch aufklaren, berichtigen, verbessern, richtigstellen.

Man sagt, dass früher bei der Läuterung von Silber der Schmelzprozess dann als beendet angesehen wurde, wenn der Schmelzer sein Spiegelbild in der Oberfläche des Silbers erkennen konnte. Der Schmelzer beobachtete den Tiegel mit dem erhitzten Metall sehr genau. Er wartete auf einen bestimmten Zeitpunkt. Wenn das flüssige Metall sich beruhigt hatte, entstand eine glatte Oberfläche, in der er sein Gesicht wie in einem Spiegel erkennen konnte.
So beobachtet uns auch Gott in den Reinigungs- und Läuterungsprozessen unseres Lebens. Er wartet, bis unser Klagen ein Ende gefunden hat, wir zur Ruhe gekommen und ganz still geworden sind. Dann ist die Prüfung zu Ende und Er kann etwas Neues, Gereinigtes, Edles verwenden. Gott möchte uns immer mehr in Sein Bild umgestalten, Er will Sein Spiegelbild in uns sehen. Er arbeitet ständig in und an uns.

Oft verstehen wir Seine Wege nicht und die Warum-Fragen unseres Lebens machen es uns schwer. Klagen, Jammern und Murren in all seinen Formen kann unser Glaubensleben sehr öde und mühsam machen. Wir stehen in der ganz realen Gefahr, wie Naomi bitter zu werden. Ein mühsames, unglückliches Leben soll uns alle Freude rauben. In der Bibel heißt es:

*Sieh, ob **ein Weg der Mühsal** bei mir ist, und leite mich auf dem ewigen Weg!*
Psalm 139,24

Aus eigenen, sehr leidvollen Erfahrungen weiß ich, wie schnell Bitterkeit und Murren aus der Tiefe meines Herzens aufsteigen können. Unser Sohn hörte an seinem sechsten Lebenstag auf zu atmen. Er musste reanimiert werden und von da an benötigte er einen Überwachungsmonitor. Sein Leben war immer wieder die Zielscheibe des feindes, und er traf nicht nur ihn, sondern jedes Mal traf er auch uns. Oft mussten wir ihn als Notfall in die Klinik bringen. Es waren heftige Attacken des teufels und ich bemerkte, dass der feind am meisten an meinem Herzen interessiert war und immer wieder Gottes Handeln an mir und unserem Sohn in Frage stellte.

Sobald die Hitze der Bedrängnis kommt, beginnt es in uns buchstäblich zu brodeln. Der Druck wird stärker, je weniger Kontrolle wir über die Umstände ausüben können. Die Temperatur steigt fast ins Unermessliche, wenn es uns so vorkommt, als würde Gott zu all dem schweigen. So schnell sehen wir nur noch das Tragische und Negative unserer Situation und lassen davon unser Denken und unser Leben prägen. Aber Gott sucht Menschen des Glaubens.

Der feind versucht immer, uns in Sklaverei zu bringen und an die Ketten der Vergangenheit zu binden, damit wir unser Potenzial nicht erreichen und keinesfalls in unserer von Gott geschenkten Berufung vorwärtsgehen können.

Liebst du Ihn? Dann komm vor Ihm zur Ruhe und lass zu, dass Er als der Schmelzer Sein Angesicht in dir sehen kann. Denn für dich gilt:

Wir wissen aber, dass denen, die Gott lieben, **alle Dinge zum Besten dienen**, *denen, die nach seinem Ratschluss berufen sind.*
Römer 8,28 – Luther

Wir brauchen Menschen, deren Leben ein Zeugnis davon ist, dass Gott uns durchträgt. Naomi ist für mich solch ein Mensch.

- Naomi, die gerade wegen ihrer Zerbrochenheit für Gott verfügbar war und die Er in einer Weise einsetzen konnte, die weit über ihr eigentliches Leben hinaus Bedeutung hatte.
- Naomi, die sich aus Zerbrochenheit heraus aufmachte, umkehrte und wieder nach Hause kam.
- Naomi, die in einer freundschaftlichen, mütterlichen und liebevollen Beziehung lebte, daran reifen konnte und Frucht sah.
- Naomi, eine reif gewordene Frau, die sich für neue Aufgaben zur Verfügung stellte.
- Naomi, die in einer ganz neuen, spannenden Berufung Gott dienen durfte.
- Naomi, eine zutiefst gläubige Frau, die in ihrem Herzen davon überzeugt war, dass Gott, der Allmächtige, ihr Leben in Seiner Hand hielt.

- Naomi, eine Frau, die in Weisheit einer jüngeren Frau diente und ihr entscheidende Ratschläge gab.

***Seine Wege** habe ich gesehen und werde es heilen. Und ich werde es leiten und ihm Tröstungen gewähren und seinen Trauernden die Frucht der Lippen schaffen. Friede, Friede den Fernen und den Nahen! spricht der HERR. Ich will es heilen.*
Jesaja 57,18-19

*Lehre mich, HERR, **deinen Weg**, und leite mich auf ebenem Pfad.*
Psalm 27,11

Entmutigung findet man an jeder Ecke

Entmutigung findet man an jeder Ecke! Sie ist etwas, was jeden Tag versucht, uns zu beeinflussen, was ständig nach uns greifen will. Es gibt so viele Gründe, entmutigt zu sein. Doch was ist eigentlich Entmutigung? Sie beschreibt einen Zustand von Gelähmtheit, Gedämpftheit, Bedrückung, Verzagtheit, Beklommenheit, Enttäuschung; man sieht keinen Ausweg, ist niedergedrückt, der Wind wurde einem aus den Segeln genommen.

Entmutigung hat es immer an sich, dass sie unser Denken steuern will:
- entmutigt durch medizinische Befunde,
- entmutigt in Beziehungen,
- entmutigt durch die Entwicklung der Kinder,
- entmutigt durch eine schlechte Auftragslage,
- entmutigt durch die finanzielle Situation,
- entmutigt im Job, in der Schule, in der Ausbildung,
- entmutigt durch Mobbing
- entmutigt durch …

Entmutigung findet in unseren Gedanken statt, die das Problem, die schwierige Situation, die unangenehme Herausforderung immer wieder umkreisen. Oft passiert es, dass wir den Absprung aus diesem Kreislauf nicht schaffen. Es ist, als ob ein Karussell sich immer nur um sich selber dreht und nie anhält, um uns aussteigen zu lassen.

Enttäuschung, der Verlust von Hoffnung, Vertrauen, das schwindet, und Begeisterung, die nicht mehr empfunden werden kann, sind gefährliche Waffen, die der feind benutzt, um in unseren

Herzen den Glauben zu attackieren und letztlich unsere Beziehung zu Jesus zu zerstören. Entmutigung ist für unser geistliches Leben hochgefährlich.

Das wichtigste Ziel des „feindes unserer Seele" ist es, die Verbindung, Vertrautheit und Gemeinschaft mit unserem Herrn zu zerstören. Dazu nutzt er jede Gelegenheit und jede denkbare Waffe, insbesondere Hoffnungslosigkeit, Aussichtslosigkeit, Pessimismus, Enttäuschung, Frustration, Furcht und eben auch Entmutigung.

Doch denk einmal an Petrus. Er verleugnete Jesus dreimal. Dennoch sagte der Herr zu ihm etwas, was ihn in all seiner Schwachheit und all seinem Versagen letztlich getragen hat:

Ich aber habe für dich gebeten, dass dein Glaube nicht aufhöre. Und wenn du dereinst dich bekehrst, so stärke deine Brüder.
Lukas 22,32

Jesus betet interessanterweise nicht, dass Petrus erst gar nicht fallen möge, sondern, dass sein Glaube nicht aufhört. Stell dir nur einmal die Tiefe der Selbstzweifel vor, die Petrus nach seiner Verleugnung ergriffen und geplagt haben müssen. Welche Gedanken der Entmutigung, der Desillusion, Verdammnis, Schuld, Angst und Ablehnung müssen ihm im Kopf und Herzen gewesen sein. Doch in einer einzigen Begegnung mit Jesus wurde er völlig wiederhergestellt.[3]

Später schreibt genau dieser Petrus:

---

3 Johannes 21,15-19

Der Gott aller Gnade aber, der euch berufen hat zu seiner ewigen Herrlichkeit in Christus Jesus, der wird euch, die ihr eine kleine Zeit leidet, aufrichten, stärken, kräftigen, gründen.
1. Petrus 5,10

Deshalb: Es gibt eine gute Nachricht – wir können aus diesem sich endlos drehenden Karussell doch abspringen. Du und ich können die Gedanken, die uns entmutigen, willentlich abweisen und zurücksenden, oder sie, wie die Bibel es im 2. Korintherbrief ausdrückt, „gefangen nehmen".

Paulus fordert die Thessalonicher auf:

*Dass ihr euch **nicht** schnell in eurem Sinn **erschüttern**, auch **nicht erschrecken** lasst …*
2. Thessalonicher 2,2

Heute ist ein Tag, an dem du dich neu entscheiden kannst, Entmutigung in deinem Leben keinen Platz mehr zu gewähren. Im Vertrauen auf unseren mächtigen Herrn kannst du in eine Position kommen, in der dich die Umstände tatsächlich nicht mehr erschrecken und erschüttern können. Denn du weißt von ganzem Herzen, dass Er alles zu deinem Besten dienen lassen wird.[4]

*Die Waffen unseres Kampfes sind nicht fleischlich, sondern mächtig für Gott zur Zerstörung von Festungen; so zerstören wir überspitzte Gedankengebäude und jede Höhe, die sich gegen die Erkenntnis Gottes erhebt, und nehmen **jeden Gedanken gefangen** unter den Gehorsam Christi.*
2. Korinther 10,4-5

---
[4] Römer 8,28

Wem glaubst du mehr?

Das Anliegen Jesu ist es, uns auf unserem geistlichen Weg voranzubringen. Der feind versucht jedoch alles, damit wir zurückweichen, Terrain verlieren, aufgeben und von unserer geistlichen Vision, unserer Bestimmung, abrücken. Viele gläubige Menschen fühlen sich seinen Attacken und Angriffen mehr oder weniger ausgeliefert. Ich weiß aus meinem eigenen Leben, dass es in stressigen und herausfordernden Zeiten oft so scheint, als würde man selbst sprachlos sein und gleichzeitig vom negativen Reden des feindes geradezu überrollt werden.

Der feind versucht immer wieder, in unsere Gedanken hineinzureden. Und meistens sind wir schnell dabei, in seine Falle zu tappen. Wir glauben das, was er sagt und die Situation verschlimmert sich. Gibt es einen Ausweg, einen Plan, eine Strategie, um diesen feindlichen Reden entgegenstehen zu können?

Ja, die gibt es. Wenn wir in der Bibel nachschauen, finden wir ein großartiges Beispiel, das Jesus selbst uns weitergab. Als satan Ihn versuchte, redete der Herr nicht lange mit ihm. Er nahm die Worte auch nicht als mögliche Wahrheit in Sein Herz auf oder meditierte erstmal darüber. Nein, Er betete noch nicht einmal, sondern begegnete den Worten des feindes unverzüglich mit einer genialen Strategie. Er sagte: *„Es steht geschrieben …"*[5] Mit dem geschriebenen Wort Gottes überwand Er die Verführungsversuche des teufels.

Und genau das muss auch deine und meine Strategie sein.

---
5   Matthäus 4,4+7+10

Lass uns das aussprechen, artikulieren, sagen, was das Wort Gottes sagt. Lass uns die Verheißungen des Wortes Gottes deklarieren. Das sind keine positiven, gut gemeinten „Du-schaffst-das-schon"-Parolen, sondern Worte voller Kraft:

*So soll **das Wort**, das aus meinem Munde geht, auch sein: Es wird nicht wieder leer zu mir zurückkommen, sondern wird tun, was mir gefällt, und **ihm wird gelingen, wozu ich es sende**.*
Jesaja 55,11

Proklamiere deshalb das Wort Gottes. Entschließe dich fest in deinem Herzen, dass du das Wort aussprichst und glaubst, dass es die Kraft hat, die Dinge in deinem Leben zu verändern. Es gibt nichts, was uns in den bedrängenden Situationen unseres Lebens so stark und zuversichtlich machen kann wie das Wort Gottes.

*Denn das **Wort Gottes** ist lebendig und wirksam und schärfer als jedes zweischneidige Schwert und durchdringend bis zur Scheidung von Seele und Geist, sowohl der Gelenke als auch des Markes, und ein Richter der Gedanken und Gesinnungen des Herzens.*
Hebräer 4,12

In Seinen Händen

Ich bin so dankbar, dass Gott das Leben meiner Familie und meiner Kinder in Seinen Händen hält, Er die Kontrolle über alles hat und unser Leben sieht und führt. Diese tiefe Überzeugung hatte ich nicht immer. Als unsere Kids im Teenageralter waren, versuchte ich, ihre Herzen so zu formen, wie ich dachte, dass sie sein müssten.

Gab es einen Gottesdienst, hörte ich quasi für sie die Predigt und dachte, dass ihnen doch jetzt bestimmte Dinge sicher bewusst geworden sein müssten. Gab es einen Aufruf, fragte ich mich, warum sie nicht nach vorne gingen. Ich war beunruhigt und im Stress.

Doch eines Tages sprach der Herr mit mir über diese Sache, indem Er mir ein Bild zeigte. Ich sah mich, wie ich einen Klumpen Ton in den Händen hielt und immer wieder daran herumknetete. Mit Stirnrunzeln und zusammengebissenen Zähnen glättete, drückte und knetete ich, und doch gefiel mir das nicht, was ich da formen wollte. Der Klumpen wollte sich nicht in ein – in meinen Augen – schönes Herz formen lassen. Immer wieder versuchte ich zu glätten, eine Stelle hier, eine andere da umzuformen. Es musste mir doch möglich sein, ein schönes Herz hinzubekommen.

Dann hörte ich, wie der Herr zu mir sprach und mich bat, Ihm den Tonklumpen in die Hände zu geben. Ich tat es und sah zu, wie er liebevoll, mit einem Lächeln von Gnade, Weisheit und Verständnis, mit Hoffnung und Zuversicht, den Tonklumpen bearbeitete. Seine Hände strichen immer wieder sanft über die

Unebenheiten. Mir schien es, dass der Druck seiner Hände gar nicht wirklich ein Drücken und Bedrücken war, sondern eher ein Zusammenfügen und Ausbilden. Er nahm sich Zeit für das Bearbeiten. Ihm war eher wichtig, dass das Herz unter seinen Händen liebevoll verändert wurde.

Kannst du dich in diesem Bild auch wiederfinden? Ich habe verstanden, dass nicht ich nach meinen Vorstellungen die Herzen verändern, sie in meine Richtung biegen kann. Nur Gott ist der Herzenskenner und Er weiß über alle Dinge im Leben unserer Kinder Bescheid. Er wird Sein Werk tun, und wir sollten sie Ihm mit unserem ganzen Herzen anvertrauen. Er wird es gut, ja, bestens machen!

*Und alle deine **Kinder** werden von dem HERRN gelehrt, und der **Friede** deiner Kinder wird groß sein.*
Jesaja 54,13

*Seine **Nachkommenschaft** wird mächtig sein im Land. Das Geschlecht der Aufrichtigen wird **gesegnet** werden.*
Psalm 112,2

*Denn er hat … deine **Kinder gesegnet** in deiner Mitte.*
Psalm 147,13

Dein Leben ist bewahrt

Vor einiger Zeit sah ich mir eine Sendung über Naturwunder an, über die Polarregion und die Taiga. In Zeitrafferaufnahmen konnte man die erstaunliche Entwicklung verfolgen. Eis und Schnee hielten alles felsenfest und unbarmherzig im Klammergriff. Und doch gab es inmitten der Kälte, des Eises und der Dunkelheit Leben …

Unter anderem beeindruckten mich die Bilder der wirklich meterdick zugeschneiten Bäume, die dort wuchsen. Ich staunte, dass sie überhaupt dort leben konnten, es dort aushielten. Sie waren lange Monate mit wahren Massen von Schnee bedeckt, so dass ihre Zweige komplett nach unten gebogen wurden. Wie konnte in dieser furchtbaren Kälte überhaupt Vegetation überleben? Und doch war es so. Kaum waren Eis und Schnee im Frühling geschmolzen, erwachte nach der Winterstarre eine blühende Blumenpracht zu einem richtig bunten Teppich.
Die Bäume standen im Sonnenschein, Insekten summten und man hätte nie erwartet, dass all dies noch wenige Wochen zuvor nach einer unwirtlichen, lebensfeindlichen Eiswüste aussah.
Als ich diese Aufnahmen sah, dachte ich darüber nach, dass es in manchen Zeiten in unserem Leben ebenso ist. Die Dinge, die uns entgegenstehen, vermitteln uns ein Gefühl von erstarrtem Leben, von Kälte, unveränderlich, tot.

Und doch, wie in diesem Naturereignis in der Polarregion, werden die Dinge unseres Lebens nicht in dieser Winterstarre bleiben. Egal, wie lange sie uns schon im Klammergriff zu halten scheint, sie wird beendet werden, neues Leben wird wieder aufsteigen. Trotz der schweren Last, trotz der Kälte und der

Starre gibt es Leben in uns – das Leben Gottes. Und dieses Leben wird sich Bahn brechen. Sein Licht wird kommen, Seine Quelle in uns wird wieder zu sprudeln beginnen.

Wenn du dich in einer solchen Winterzeit befindest, wenn so wenig Buntes, Helles, Sonniges, Fröhliches um dich herum zu leuchten scheint, dann sei dir sicher, dass du in Seinem Zeitplan versorgt bist, dass Er dich im Blick hat, die Situation deiner „Jahreszeit" kennt und zu dir sagt:

Fürchte dich nicht!
Dein Leben steht in Meinen Händen.
Du gehst durch verschiedene Zeiten,
aber immer bist du in Meiner Hand
und nichts kann dir schaden.
Ich verwandle das, was gegen dich steht, in Sieg.
Nichts kann dich von Meiner Liebe trennen. Nichts!
Weder Tod noch Leben, nicht Engel noch dämonen,
weder Gegenwärtiges noch Zukünftiges,
nichts Hohes und nichts Tiefes
und keine andere Kreatur.
Du bist absolut sicher bei Mir.
Dein Leben ist bewahrt in Mir.
Eine neue Zeit bricht für dich an.

Es kommt der Tag, an dem der lange, kalte, dunkle Winter vorbei ist. Es kommt der Frühling, in dem Neues in deinem Leben aufkeimt:

*Hierin ist die Liebe Gottes zu uns offenbart worden, dass Gott seinen eingeborenen Sohn in die Welt gesandt hat, **damit wir** durch ihn **leben** möchten.*
1. Johannes 4,9

*Denn ich bin überzeugt, dass weder Tod noch Leben, weder Engel noch Gewalten, weder Gegenwärtiges noch Zukünftiges, noch Mächte, weder Höhe noch Tiefe, noch irgendein anderes Geschöpf uns wird scheiden können von der **Liebe Gottes**, die in Christus Jesus ist, unserem Herrn.*
Römer 8,38-39

Wenn dir Beten schwerfällt …

Hast du schon einmal erlebt, dass dir Beten schwerfällt? Ist es mühsam? Fühlst du dich schlichtweg nicht danach und empfindest, dass es jetzt einfach nicht passt?
Oft höre ich den Satz: „Na ja, Beten hat bis jetzt auch nicht geholfen." Oder jemand sagte: „Ich habe den Eindruck, dass mein Gebet nur bis zur Zimmerdecke reicht!"

Hast du schon mal darüber nachgedacht, dass es die erklärte Absicht des feindes ist, dich gerade vom Gespräch mit Gott, der Beziehung mit Jesus und dem Heiligen Geist abzutrennen? Seine Strategie ist ohne Zweifel, unser Gebet zu blockieren und uns vom Beten abzuhalten. Er will uns „mundtot" machen. Dieses Wort bedeutet: zum Schweigen bringen, überdecken, übertönen, zurückdrängen, zurückwerfen, unseren Mund verschließen. Dazu bietet er uns eine Fülle ganz dringender Termine, irgendwelcher eiligen Aufträge und viele kleine Wichtigkeiten an, die keinen Aufschub dulden. Und dann das Problem mit der Müdigkeit. Kaum hat man sich zum Gebet gesammelt, da bemerkt man ein ständiges Gähnen und der Entschluss, dass man jetzt einfach doch zu müde ist, legt uns nahe, dass das mit dem „Beten jetzt sowieso nichts wird". Leider hat der gegner mit dieser Strategie oftmals Erfolg.

Die einzige Lösung ist, dass wir lernen, gegen diese lähmenden und blockierenden Gedanken und Gefühle aufzustehen, die unser Gebet zurückhalten wollen. Ich glaube, dass es extrem hilfreich ist, wenn man in solchen Situationen und Stimmungen mutig und entschlossen proklamiert:

Ich lasse mir nicht den Mund verbieten, mich nicht durch Gefühle oder Gedanken mundtot machen. Ich entschließe mich, jetzt Jesus anzubeten, den Vater im Himmel zu ehren und ich erlaube dem Heiligen Geist, dass Er mich führt in allem, was ich sagen und beten soll. Ich werde den Herrn im Geist und in der Wahrheit anbeten.

Es lohnt sich, dafür zu kämpfen, dass unser Gebet nicht gehindert, blockiert oder aufgehalten ist. Wir geben dem feind keine Ehre, indem wir ihm nachgeben. Sondern wir strecken uns nach Jesus, unserem Herrn aus, weil es um unsere Liebesbeziehung zu Ihm geht, nicht um ein Erfüllen von Regeln und Gesetzen, weil man das schon immer in den Predigten gehört hat und es eben zum „guten Ton" als Christ gehört.

Lass dich von einer tiefen Freude am Gebet, an der Beziehung zu Jesus, neu anstecken. Bete doch, dass der Heilige Geist dir hilft, dass du wieder diese tiefe Liebe zu Ihm entdeckst, dass Er dir neues Feuer schenkt, dass du neu brennend für Gott und Sein Reich wirst.

*Es kommt aber die Stunde und ist jetzt, da die wahren **Anbeter** den Vater in Geist und Wahrheit anbeten werden; denn auch der Vater sucht solche als seine Anbeter!*
Johannes 4,23

*Ich danke meinem Gott bei jeder Erinnerung an euch allezeit in jedem meiner **Gebete** und **bete** für euch alle **mit Freuden!***
Philipper 1,4-5

*Und alles, was immer ihr im **Gebet** glaubend begehrt, werdet ihr empfangen.*
Matthäus 21,22

*Haltet fest am **Gebet**, und wacht darin mit Danksagung.*
Kolosser 4,2

Zum Segen berufen

„Was soll ich für Jesus mit meinem Leben tun?"
Gehörst du zu den Menschen, die sich fragen, wozu Gott sie eigentlich berufen hat? Denkst du darüber nach, welche Aufgabe, welchen Plan, welche Bestimmung Er für dich hat?
Es ist eine der besten Fragen, die wir in unserem Leben stellen können.

Unter Umständen denkst du an einen bedeutenden Dienst, eine große Beauftragung, etwas Besonderes und Einmaliges. Und es stimmt. Der Herr möchte dich wirklich in herausragender Weise gebrauchen. Er denkt nicht klein von dir. Er hat dich mit einer bestimmten Absicht geschaffen und es gibt etwas Einzigartiges für dich zu tun – nämlich etwas, was nur du allein in der Art umsetzen kannst, wie der Herr es geplant hat.

Gott will, dass du zum Segen für andere Menschen wirst.

Dein Leben ist gesetzt als ein Segen Gottes für die Welt um dich herum. Zunächst einmal betrifft das die Menschen in deinem unmittelbaren Umfeld. Vielleicht ist dies zu Beginn noch recht überschaubar – doch es wird wachsen und sich immer mehr ausweiten, wenn du als „Segensbringer" mit dem Herrn entschlossen weiter vorangehst. Dein Leben hat eine Bedeutung, eine Berufung, ein Ziel. Dein Leben soll Frucht bringen. Gott hat ewige Pläne für dich. Du bist strategisch in Seinem Reich positioniert.

Dieser Gedanke zieht sich durch die ganze Bibel. Schon im ersten Buch des Alten Testamentes können wir das im Leben Abrahams erkennen und dieser Bericht hat Gültigkeit bis heute. Gott sagte zu Abraham:

*Und ich will dich **segnen**, und ich will deinen Namen groß machen, und **du sollst ein Segen sein**.*
1.Mose 12,2

Im Buch der Sprüche lesen wir, welchen Einfluss wir als Kinder Gottes auf ihre Stadt haben – und das gilt auch für dich:

*Durch den **Segen** der Aufrichtigen steigt eine Stadt auf.*

Oder in einer anderen Übersetzung:

*Durch den **Segen** der Aufrichtigen wird eine Stadt erhoben.*
Sprüche 11,11

Eine der schönsten Verheißungen zum Thema Segen finden wir im Epheserbrief, wobei wichtig ist, dass wir diesen Segen nicht irgendwann einmal empfangen werden, sondern dass dies bereits geschehen ist:

*Gepriesen sei der Gott und Vater unseres Herrn Jesus Christus. Er **hat** uns **gesegnet** mit jeder geistlichen **Segnung** in der Himmelswelt in Christus.*
Epheser 1,3

Schau dich um: Du siehst eine Welt, die zerbrochen, elend und krank ist – die dich und das, was Gott in dein Leben als Segen hineingelegt hat, dringend braucht. Du bist ein echtes Geschenk Gottes an diese Welt. Nimm diese Berufung ernst. Sei ein Segen für andere.

*Wie lieblich sind auf den Bergen die Füße dessen, der **frohe Botschaft** bringt, der Frieden verkündet, der gute Botschaft bringt, der Heil verkündet …*
Jesaja 52,7

Im Feuer und im Wasser

Als wir in einer sehr bedrängenden, lang anhaltenden Herausforderung voller Stress und Unruhe standen, las ich ganz gezielt in den Psalmen. So oft schon sind sie mir zum Trost, zur Hilfe und zur Ermutigung geworden. Diesmal blieb mein Blick an einem Satz aus Psalm 66 hängen:

„Wir sind ins Feuer und ins Wasser gekommen …"

Sofort sagte ich zu mir: „Ja, das stimmt!" Ich konnte die Hitze der Auseinandersetzung und der Bedrängnis fast körperlich spüren – ich war so müde, ausgelaugt und erschöpft. Dann fiel mir ein ähnlicher Vers ein, den mir jemand vor vielen Jahren zu einem besonderen Ereignis zugesprochen hatte. Ich hatte ihn so oft gehört und gelesen. Er ist mir bis heute sehr wichtig.

*Wenn du durchs **Wasser** gehst, ich bin bei dir, und durch Ströme, sie werden dich nicht überfluten. Wenn du durchs **Feuer** gehst, wirst du nicht versengt werden, und die Flamme wird dich nicht verbrennen!* Jesaja 43,2

Das war in dieser belastenden Situation eine wirklich tröstende und mein Herz berührende Zusage. Mein Gott war nicht fern meiner Umstände – ich war Ihm wertvoll und wichtig.

Wenn der Satz in Psalm 66: „*Wir sind ins Feuer und ins Wasser gekommen …*" mit dieser Aussage enden würde, wäre das wirklich tragisch, doch nein, nach dem Komma geht er weiter:

„… aber du hast uns herausgeführt zum Überfluss!"

Und das wurde wirklich zu meinem Zeugnis! Gott brachte uns durch diese Phase, diese gewaltigen Wasser, dieses lodernde Feuer hindurch, auch wenn der Kampf heftig und langanhaltend war. Und letztlich, im Rückblick gesehen, führte Er uns zu einem Ort des Überflusses. Deshalb: Wenn du mitten in Herausforderungen und Kämpfen stehst, wenn du den Eindruck hast, dass die Wasser dich überwältigen oder das Feuer alles um dich verbrennt, dann halte umso entschlossener am Herrn fest. Sei zuversichtlich – Er wird dich herausführen. Und zwar nicht nur irgendwie, sondern, wie Er es verheißt: zum Überfluss.

Denn du hast uns geprüft, Gott, du hast uns geläutert, wie man Silber läutert … **wir sind ins Feuer und ins Wasser gekommen,** *aber du hast uns* **herausgeführt zum Überfluss.**
Psalm 66, 10-12

Wo bekomme ich Hilfe?

Viele Menschen, die in Bedrängnis sind, suchen nach geeigneten Mitteln und Möglichkeiten, um Rat und Hilfe zu erhalten. Oftmals suchen sie bei anderen Menschen, bei Freunden, bei Ärzten, bei geistlichen Leitern ...

Das ist natürlich an sich nicht schlecht, doch die Möglichkeiten der menschlichen Hilfe sind ziemlich begrenzt. Die Bibel sagt uns sogar, dass Menschenhilfe wertlos ist[6] und unsere Hilfe nicht durch Macht oder Kraft kommt, sondern durch den Geist des Herrn.[7]

In einer Gebetszeit blieb ich an einem Psalm hängen, der mir schon oft ein Anker und gewaltiger Zuspruch gewesen ist. Er öffnete mir eine ganz neue, übernatürliche Dimension; eine Kraft, die sich weit über alle anderen Möglichkeiten erhebt. Es ist die Kraft Gottes, die Heilungskraft Jesu, das Reden des Heiligen Geistes, die mit den Worten dieses Psalms in mein Leben hineinströmten. Während dieser Gebetszeit hatte ich den Eindruck, dass ich alle Verse in der Ich-Form für mich ganz persönlich formulieren sollte, um mir klarzumachen, dass diese Worte ganz real für mich hier und heute gelten. Ich stellte sie mir zusammen und proklamierte sie in mein Leben hinein. Worte haben Macht. Und wenn sich unsere Worte in die Übereinstimmung mit dem Wort Gottes hineinbewegen, dann setzen sie die Kraft des Wortes Gottes in unserem Leben frei. Ich bin sicher, dass es auch für dich ein Segen ist, wenn du sie über deinem Leben und deiner Situation proklamierst. Nimm diesen Psalm auch für dich als ganz persönlichen Zuspruch. Der Herr wird dein Leben behüten ... und dieser „Behüter" schläft niemals:[8]

6 Psalm 60,13
7 Sacharja 4,6
8 Psalm 121,4

Ich *hebe meine Augen auf zu den Bergen. Woher wird* ***meine*** *Hilfe kommen?* ***Meine*** *Hilfe kommt von dem HERRN, der Himmel und Erde gemacht hat. Er wird nicht zulassen, dass* ***mein*** *Fuß wanke.* ***Mein*** *Hüter schlummert nicht. Siehe, nicht schläft noch schlummert der Hüter Israels. Der HERR ist* ***mein*** *Hüter* [Aufpasser, Hirte, Bodyguard, die Bibel spricht von dem, der vor mir her geht und meine Nachhut ist]*, der HERR ist* ***mein*** *Schatten über* ***meiner*** *rechten Hand. Am Tag wird die Sonne* ***mich*** *nicht stechen, der Mond nicht bei Nacht. Der HERR wird* ***mich*** *behüten vor allem Unheil, er wird* ***mein*** *Leben behüten. Der HERR wird* ***meinen*** *Ausgang und* ***meinen*** *Eingang behüten von nun an bis in Ewigkeit!*
Psalm 121,1-8

Der gute Kampf und das Training

Die Bibel spricht vom „guten Kampf" des Glaubens. Neulich fragte ich mich: Was soll an dem Kampf eigentlich gut sein? Gut ist doch nur der Sieg. Wenn man es genau betrachtet, will jeder gerne den Sieg, aber wer will schon den Kampf?

*Ich habe den **guten Kampf** gekämpft, ich habe den Lauf vollendet, ich habe den **Glauben** bewahrt; fortan liegt mir bereit der **Siegeskranz** der Gerechtigkeit, den der Herr, der gerechte Richter, mir als Belohnung geben wird an jenem Tag; nicht allein aber mir, sondern auch allen, die sein Erscheinen lieb gewonnen haben.*
2. Timotheus 4, 7-8

Paulus hatte, als er dies an Timotheus schrieb, das Bild eines Sportlers vor Augen. Bei Sportlern ist es anders. Sie wollen und suchen den Kampf. Sie sind geradezu angezogen von der Auseinandersetzung mit dem Gegner. Sie trainieren jeden Tag, oft über die eigenen Schmerzgrenzen hinweg, um sich auf einen bestimmten Kampf vorzubereiten. Kürzlich hörte ich einen siegreichen Sportler sagen: „Ich wollte nicht nur 80 % geben, sondern alles – 100 %!"

Wie ist das bei uns? Wie oft sind wir zufrieden mit 80 % ... oder sogar mit noch weniger? Wie oft beten wir: „Herr, schaff den Gegner aus dem Weg. Besiege den Riesen, der mir gegenübersteht. Kämpfe du für mich." Ich glaube, dass der Herr nicht selten darauf antwortet:

„Ich werde dich trainieren. Ich zeige dir, wie man den ehernen Bogen spannt. Ich möchte, dass du kampferprobt bist, mutig, kühn, entschlossen. Ich zeige dir, wie man die feurigen Pfeile abwehrt, die der feind gegen dich schießt. Ich schenke dir Mein Wort, das wie ein Schwert in deinem Mund ist. Ich gebe dir Autorität in Meinem Namen zu sprechen und den feind zu bezwingen, Ich bin mit dir, ... aber du bist es, der zu kämpfen beginnen muss."

Also: Sei bereit für die Ausbildung des Herrn. Lass dich trainieren und scheue nicht den Kampf, der dir verordnet ist.
In Psalm 18 heißt es beispielsweise:

*Gott umgürtet **mich** mit Kraft und untadelig macht er **meinen** Weg ... Er lehrt **meine** Hände **das Kämpfen** und **meine** Arme spannen den ehernen Bogen ... **Meinen** Feinden jagte **ich** nach und erreichte sie, und ich kehrte nicht um, bis **ich** sie aufgerieben hatte ... Und du umgürtetest **mich** mit Kraft zum Kampf, beugtest unter **mich**, die gegen mich aufstanden.*
Psalm 18,33-40

Zustande kommen die Pläne des Herrn

In unserem Alltag erleben wir mitunter, dass wir einen Termin haben und etwas dazwischenkommt und uns aufhält. Wir haben eine Verabredung zu einer festen Uhrzeit, doch durch irgendetwas werden wir aufgehalten und ausgebremst.

Im Glaubensleben ist es manchmal ganz genauso. Dinge, die uns wertvoll und wichtig sind, kommen nicht zustande, weil sie durch irgendetwas aufgehalten werden, was sich dazwischenschiebt. Zum Beispiel kann das Erbe, das uns zusteht, nicht genutzt werden, weil es nicht freigesetzt ist. Finanzen, die uns gehören, sind blockiert. Der zugesagte Geschäftsabschluss kommt und kommt nicht durch. Die Heilung, nach der wir uns so sehr sehnen, ist noch immer nicht greifbar. Der Beziehungsstress will sich, obwohl schon so viel hineininvestiert wurde, einfach nicht auflösen … und vieles mehr.

Es scheint, als ob die Zusagen, die der Herr uns gegeben hat, nicht durchkommen. Es ist so zäh. Seine Verheißungen, Seine Zusagen sind wie verzögert, behindert, abgeschnürt, blockiert.

Weißt du, eine der wesentlichen Strategien des feindes ist es, all das, was Gott uns zusagt, aufzuhalten, zu stoppen, zu unterwandern und etwas dazwischenzuwerfen. So sagt Jesus:

Dann kommt der teufel und nimmt das **Wort** *von ihren Herzen weg, damit sie nicht glauben und errettet werden!*
Lukas 8,12

Aber Dank sei Gott! Es gibt große und geniale Verheißungen des Herrn für dich und mich, die weit über den Plänen und Machenschaften des teufels stehen:

Zustande kommt der Ratschluss des HERRN.
Sprüche 19,21

Der Herr ist der, der die Zusagen und Verheißungen gegeben hat, Er ist der Garant, dass sie zustande kommen. Er kennt den Weg, Er kennt das Ziel. Du wirst ankommen. Deine Aufgabe ist es, dem Herrn zu vertrauen, auf Ihn deine Hoffnung zu stellen und in Zuversicht weiterzugehen – auf das Ziel hin. Die Pläne Gottes können bei denen, die Ihm vertrauen und auf Seinen Wegen gehen nicht aufgehalten werden. Halte fest an Ihm, lass dich nicht vom feind hin und her treiben und lausche nicht seinen Einflüsterungen, dass „Gott ja sowieso nicht vertrauenswürdig ist". Nein! Gottes Pläne und Absichten – wie Er sie beschlossen hat – werden mit und in deinem Leben zustandekommen!

Der HERR der Heerscharen hat geschworen und gesagt: Fürwahr, wie ich es erwog, so geschieht es, und ***wie ich es beschlossen habe, so kommt es zustande.***
Jesaja 14,24

Guter Same auf gutem Boden

Als ich einmal auf unserer Terrasse saß und mich an der Aussicht freute, stellte ich fest, dass die Luft nur so von Samen und Pollen wimmelte. Sie wurden durch den Wind vom Tal emporgetragen.

Ich fing ein paar von den Samen ein, denn ich wollte sie mir näher anschauen. Dabei stellte ich fest, dass sie winzige Fallschirmfädchen rund um das Samenkorn hatten. Sie waren leicht klebrig und besaßen ganz am Ende kleine Widerhaken. Im Wind waren sie sehr stabil, doch wenn man diese Fäden nur ganz leicht drückte, fielen sie in sich zusammen.

Als ich mir diese Samen ansah, dachte ich an einen Bericht des Neuen Testaments, als Jesus einer großen Volksmenge eine Geschichte erzählte, in der es genau um Samen und Wachstum ging.[9] Jesus erzählt von den Dornen, von der Sonne, den Vögeln, dem Gestrüpp und der guten Erde. All das war ein Gleichnis für das Wort Gottes.

Der Same ist das Wort Gottes *... Das in der guten Erde aber sind die, welche in einem redlichen und guten Herzen das Wort, nachdem sie es gehört haben,* ***bewahren und Frucht bringen*** *mit Ausharren.*
Lukas 8,11+15

Das Wort Gottes kommt auch heute zu dir und du entscheidest, was mit diesem Samen in deinem Leben geschieht. Wo wird das Wort landen? Findet es einen Boden, auf dem es gut wurzeln kann? Welche Frucht wird es in deinem Leben hervorbringen?

---
9   Lukas 8,4-15

- Entscheide dich heute, gegen die „Vögel" vorzugehen, die das Wort wegfressen und dir die Zusagen Gottes rauben.
- Entscheide dich heute gegen die Hitze deiner negativen Gedanken, die das Wort und die Verheißungen des Herrn geradezu wegbrennen und vertrocknen lassen.
- Entscheide dich heute, dass die Dornen der Sünde das Wort Gottes in dir nicht ersticken können.
- Entscheide dich heute für die gute Erde deines Glaubens, die das Wort aufnimmt, bewahrt und zur Frucht kommen lässt.

*Denn ihr seid wiedergeboren nicht aus vergänglichem **Samen**, sondern aus unvergänglichem, durch das **lebendige und bleibende Wort Gottes**.*
1. Petrus 1,23

Lauf nicht weg!

Manche Menschen meinen, dass sie dem Herrn dienen und gleichzeitig mit dem feind in friedlicher Koexistenz leben können. Das ist ein fataler Irrtum – es gibt kein friedliches Nebeneinander mit dem feind. Wenn wir nicht gegen die Machenschaften satans antreten, ihm widerstehen und ihn aus unserem Leben hinausweisen, kann es sehr bald passieren, dass wir ihm in einigen Bereichen unseres Lebens unterlegen sind und er sich mehr Raum in uns erobert, als er haben sollte und dürfte.

Ein Pastor drückte es einmal so aus: Auf dem Weg unseres Lebens wird uns der teufel begegnen, das ist unvermeidlich. Wenn wir ihm nicht entschlossen widerstehen, wird es bald so sein, dass wir mit ihm laufen.

Die altbekannte Story von David und Goliath hast du wahrscheinlich schon oft gehört. Ganze 40 Tage lang kam dieser Kraftprotz Goliath an jedem Morgen und an jedem Abend aus den Schlachtreihen seiner Kämpfer hervor und rief:

Ich fordere das Heer Israels heute heraus! Stellt einen Mann, der mit mir kämpft!
1. Samuel 17,10 – Neues Leben

Selbst bewährte Kämpfer Israels, die schon in so mancher Schlacht gekämpft hatten, weil sie den Herrn auf ihrer Seite wussten, verzweifelten in dieser Situation. Es schien unmöglich. Dieser Kampf war schlichtweg nicht zu gewinnen. Der Gegner schien einfach zu stark – und er wusste es.

Vielleicht geht es dir manchmal auch so. Du steckst in einer bedrohlichen Situation und der feind scheint einfach zu stark zu sein. Entmutigung, depressive Stimmung, Angst, Sorgen, aber auch Zorn, Ärger, Süchte und Abhängigkeiten, negative Angewohnheiten und vieles andere scheinen übermächtig zu werden. Das Reden und Höhnen des gegnerischen Lagers dröhnt auf dich ein und zermürbt deine Stärke.

Als David damals die Situation erfasste, waren Fliehen, Weglaufen oder die Augen zu verschließen für ihn keine Optionen, noch weniger, mit dem feind zu kooperieren, sich vor seinem Getöse zu beugen oder ihm gar zu dienen. David hatte einen großen Vorteil. Er wusste, dass er nicht in seiner eigenen Stärke kam und so sagte er zu Goliath:

Heute [!] *wird der Herr dich in meine Hand ausliefern, und ich werde dich erschlagen und dir den Kopf abhauen!*
1. Samuel 17,46

Er wusste, in welcher Autorität er zum Kampf antrat. Er wusste, dass Gott für ihn war. Er wusste, dass …

… der Herr nicht durch Schwert oder Speer errettet. Denn des Herrn ist der Kampf und er wird euch in unsere Hand geben!
1. Samuel 17,47

Es ist Zeit, dass du gegen den teufel, gegen die dämonischen Mächte und gegen die Machenschaften des feindes in deinem Leben entschlossen antrittst. Die Autorität dazu ist dir gegeben. Jesus ist der Garant für den Sieg über den feind in deinem Leben. Nicht durch Heer oder Kraft, sondern nur durch Seinen

Geist kannst du in deinem Leben Siege erringen.[10] Aber du musst den Kampf auch tatsächlich aufnehmen.

Der Name Jesus hat alle Macht, die Werke des teufels zu zerstören. Steh auf, lass dich nicht auf ein „friedliches Nebeneinander" ein, stimme keinem Kompromiss mehr mit dem feind zu. Frieden oder friedliche Koexistenz, das gibt es bei satan nicht! Entweder hast du den Sieg über ihn oder du wirst ihm in einigen der Bereiche deines Lebens dienen. Entweder lässt du dich von ihm überwinden oder du gehst in der Kraft Gottes voran und überwindest den teufel. Der Heilige Geist wird dich leiten und dir die richtige Strategie geben. Vertraue ihm.

Und David antwortete dem Philister: Du kommst zu mir mit Schwert, Lanze und Kurzschwert. Ich aber komme zu dir mit dem **Namen des HERRN** *der Heerscharen*
1.Samuel 17,45

Diese denken an Wagen und jene an Rosse, wir aber denken an den **Namen des HERRN**, *unseres Gottes.*
Psalm 20,8

Unsere Hilfe steht im **Namen des HERRN**, *der Himmel und Erde gemacht hat.*
Psalm 124,8

---
[10] Sacharja 4,6

Edelsteine aus Seinem Wort

Wenn ich manchmal in der Stadt unterwegs bin, komme ich an Schaufenstern großer Juweliergeschäfte vorbei und ab und zu werfe ich einen Blick in die Auslage. Ich bewundere den Schmuck, der so kreativ und kunstvoll gestaltet ist. Und ich stelle fest, dass nicht nur Frauen vor den Schaufenstern stehen. Wenn ich die Preisschildchen lese, wird mir der Wert des Schmuckes noch viel bewusster.

Ich denke, das ist ein passendes Bild für das Wort Gottes.

Es sind die Perlen und Edelsteine, die Gott dort in Seinem Schatzhaus für uns gelagert hat. Und, ganz anders als bei einem Juweliergeschäft, wo wir die Auslagen nur aus der Schaufensterperspektive betrachten können, dürfen wir uns vom Herrn beschenken lassen – und das an jedem Tag. Heute ist ein Tag, wo du dir ein Schmuckstück aus dem Schatzhaus des Wortes Gottes, eine Zusage, eine Ermutigung, ein Segenswort abholen kannst.

Lieber ist mir das Gesetz deines Mundes als Tausende von **Gold- und Silberstücken**.
Darum liebe ich deine Gebote mehr als **Gold und Feingold**.
Ich freue mich über dein Wort wie einer, der **große Beute** *macht.*
Psalm 119,72+127+162

Der Herr schenkt bereitwillig und großzügig Sein wertvolles Wort in deinen Alltag. Betrachte das nicht als etwas Selbstverständliches. Sein Wort hat in Ewigkeit Bestand, es trägt Leben in sich, Segen, Kraft, Zuversicht, Hoffnung und so vieles mehr.

Vor Kurzem habe ich in einer Weise, die mich tief berührt hat, die Wirkung einer solchen Kostbarkeit erlebt. Es war früh am Morgen. Aus dem Fenster konnte ich auf die dunkle, nasse Straße schauen, die vom kalten Licht der Straßenlaterne beleuchtet wurde. Ich saß auf der Kante eines Krankenhausbettes. Die Operationsvorbereitungen waren abgeschlossen, nichts Eigenes war mehr da, noch nicht einmal mein Ehering. Mich fröstelte und ich zog die Decke enger um meine Schultern. Immer wieder verfolgte mein Blick den Zeiger auf der großen Uhr über der Tür. Niemand war da, der neben mir saß, meine Hand hielt und mir irgendwie Mut zusprach. Ich begann zu beten: „Herr, ich weiß, dass Du bei mir bist. Immer, allezeit, aber … ich hätte jetzt gerne ein Wort der Ermutigung von Dir."

Mein Blick fiel auf mein Handy. „Ach, das muss ich noch wegschließen", dachte ich.

Ich öffnete es. Nein, niemand hatte sich gemeldet. Alle hatten sich ja auch gestern schon verabschiedet. Komisches Wort: Abschied! Ich ließ die gespeicherten Verheißungen aus dem Wort Gottes, die mir so wichtig waren, durchlaufen und hielt sie an irgendeiner Stelle an. Das Wort, auf das mein Blick fiel, hätte nicht treffender sein können:

Meine Zeit steht in deinen Händen!
Psalm 31,16

Sofort schlugen meine Gedanken in eine tiefe Dankbarkeit um. Ich lächelte, als mir einige Verse aus den Psalmen spontan in den Sinn kamen. Ja, das war es! Der Herr ist an meiner Seite. Immer.

Nichts entgeht Ihm. Ob ich sitze oder stehe, ob ich liege oder gehe, ob ich auf einem Krankenhausbett warte … Er weiß es.[11]

Ich schloss mein Handy weg und nicht lange danach wurde ich abgeholt.

Der HERR kennt die Tage *der Rechtschaffenen, und ihr Erbteil wird ewig bestehen.*
Psalm 37,18

Von hinten und von vorn hast du mich umschlossen, du hast **deine Hand auf mich gelegt**.
Psalm 139,5

---

[11] Psalm 139,2-3

Neubeginn

Wieder war es passiert! Wieder ein Patzer, der vom Wegrubbeln mit dem blauen Radiergummi eher schlechter wurde und dem Papier an dieser Stelle zu einer fast transparenten Durchsichtigkeit verhalf. Ich klappte mit einem Seufzer das fast volle Heft zu, ohne die vorhandenen Knicke auch nur noch eines einzigen Blickes zu würdigen. Im nächsten Heft sollte alles anders werden, das hatte ich mir fest vorgenommen. Ich würde nur noch „schön" darin schreiben und keine Fehler mehr machen – oder höchstens nur ganz kleine –, die dann womöglich durchgestrichen, überschrieben oder wieder ausradiert werden mussten. Ich würde am liebsten auch keine roten Verweise der Lehrer mehr darin sehen, keine Knicke, alles sollte bis zur letzten Seite so richtig gut aussehen. Das alte Heft sollte der Vergangenheit angehören – heute würde ich ein neues Heft beginnen. Wie schön diese erste Seite doch war. Ich begann zu schreiben. Langsam, konzentriert und besonders schön. Ein Neubeginn …

Ich bin sicher, dass die meisten von uns diese Situation kennen und dass ich nicht allein mit diesem Kampf um das schöne Schulheft war – obwohl mir jemand sagte, dass dies ein ausschließlich bei Mädchen auftretendes Phänomen wäre.

Diese früher erlebte Situation fiel mir wieder ein, als ich über das Thema „Neubeginn" nachdachte. Diese kleine Begebenheit ist ein Bild dafür, wie wir Neubeginn oft verstehen. Ein neues und unbeschriebenes Blatt aufschlagen, die Vergangenheit hinter uns lassend, die bisherigen Fehler und das Versagen nicht mehr bedenkend. Was auch immer diese Patzer und Knicke gewesen sein mögen: verlorene Kämpfe, mangelnder

Glaubensmut, zu wenig Wunder, zu viel Stress, zu wenig umgesetzte Vorsätze vom Jahr zuvor, geplatzte Träume, aufgeriebene Visionen, durchkreuzte Ziele, mangelndes Bewusstsein über die eigene Berufung, zu wenig Gebet, mangelndes Vertrauen usw.

Doch die dritte, vierte, zwanzigste Seite des Heftes schien es dann nicht mehr wert zu sein, die geplanten Vorsätze beizubehalten, weil sich, trotz aller Vorsicht, Knicke und Fehler eingeschlichen hatten. So fühlt sich Vergangenheit an, so schmeckt das Versagen von gestern. Das Leben mit seinen roten Verweisen hatte uns erwischt und trotz all unserer Vorsicht kräftig zugeschlagen.

Neubeginn – eigentlich ist das ja etwas absolut Ermutigendes, Erfrischendes und Unbeschwertes. Es trägt eine tiefe Sehnsucht nach etwas Gutem, Vollkommenen in sich. Da wird Hoffnung signalisiert: Ich brauche nicht zu bleiben, wie ich bin! Ich kann der Vergangenheit die Macht über meine Gegenwart verweigern. Neubeginn hat für mich etwas mit Herausforderung zu tun, mit Dranbleiben, Ausharren, Nichtaufgeben und Vertrauen, auch wenn alles anders aussieht. Neubeginn hat etwas Kämpferisches, Urwüchsiges und Durchbrechendes. Es ist etwas, was brandneu, nie dagewesen, neu geboren ist.

*Siehe, ich wirke **Neues**! Jetzt sprosst es auf. **Erkennt** ihr es nicht?*
Jesaja 43,19

Hier geht es um eine Saat, die aufsprosst. Derjenige, der die Saat ausgestreut hat, ist der Herr, dein Erlöser, der Heilige Israels, der Schöpfer, dein König. Er hat etwas Neues für dich. Er hat etwas in seinem „Lagerhaus" für dich vorbereitet, das dich ermutigt, erfrischt, dir neue Vision für dein Leben geben will. Er ist der Gott, der mit dir durch die dunklen Täler deines Lebens gehen will.

Das in diesem Vers verwendete Wort „erkennen" beschreibt im hebräischen Verständnis ein ganzheitliches Erkennen:

*Und der Mensch **erkannte** seine Frau Eva, und sie wurde schwanger …*
1. Mose 4,1

Dieses „Erkennen" ist mehr als nur ein oberflächliches Wahrnehmen oder Anschauen. Es spricht von einer tiefen Beziehung, einer Intimität zwischen dem Volk und seinem Gott, einer tiefen Liebe, herzlichem Erbarmen, Zuwendung, Gnade, Versorgung und Heilung.

Über Josef berichtet die Heilige Schrift:

*Er **erkannte** sie [Maria] nicht, bis sie einen Sohn geboren hatte; und er nannte seinen Namen Jesus.*
Matthäus 1,25

Ich finde das interessant. Er erkannte sie nicht, weil Gott sie durch den Heiligen Geist bereits erkannt hatte und sie etwas Göttliches in sich trug, das zur Geburt gebracht werden sollte.

Ich glaube, dass die ganze Bibel voll ist mit Berichten über Menschen, die einen Neubeginn in ihrem Leben erfuhren. Aber den ultimativen Neubeginn in seiner ganzen Größe finden wir erst im Kommen Jesu in unsere Welt. Es ist der Höhepunkt von Gottes Handeln mit und an uns Menschen:

Als aber die Fülle der Zeit kam, sandte Gott seinen Sohn, geboren von einer Frau …
Galater 4,4

Deshalb ist für mich Maria, die Mutter Jesu, eine der wichtigen Personen, wenn ich über das Thema Neubeginn nachdenke. In der frühen Christenheit wurde nur wenig von ihr gesprochen. Im Zentrum aller Verkündigung stand immer Jesus allein. Später haben Kirchenfürsten, Konzile, Maler und Dichter Maria viele Gesichter aufgedrückt. Hinter diesen verschiedenen Bildern – mit den unterschiedlichsten Erwartungen gefüllt – verschwand das vielleicht erst 16-jährige Mädchen bis zur Unkenntlichkeit. Ihre Familie war wahrscheinlich eine fromme Handwerkerfamilie, die Brauch und Sitte des Volkes Israel streng einhielt. Maria stand fest in diesen Dingen. In ihr lebte der starke Glaube an den Gott Abrahams, Isaaks und Jakobs. In ihr lebte die Sehnsucht ihres Volkes nach dem verheißenen Messias. Die jüdischen Frauen mussten das Gesetz gut kennen, denn ihre Aufgabe war es, der Familie zu dienen, die Kinder unter dem Gesetz zu erziehen und mitzuhelfen, dass sie darin unterwiesen wurden. Mitten hinein in ihren Alltag sandte Gott einen Engel mit einer Botschaft, die so unfassbar groß und überwältigend war – menschlich gesehen geradezu verrückt –, dass sie jeden Rahmen von Marias bisherigem Leben zu sprengen schien.

Ich habe mich gefragt, was wir mit den Botschaften Gottes in unserem Leben anfangen. Was würdest du tun, wenn Gott dir einen Engel direkt in deinen „alltäglichen Alltag" mit all seinem Auf und Ab sendete? Was würdest du tun mit einer Botschaft, die dein Denken, deine Erwartungen und deine Möglichkeiten bei Weitem zu übersteigen scheint? Was würdest du tun, wenn du dein Leben ganz anders geplant hattest?

Maria setzte ihr ganzes Vertrauen auf Gott, obwohl – oder vielleicht auch gerade weil – alles neu und unberechenbar für sie war. Sie hatte so etwas noch nie erlebt, konnte also nicht auf irgendwelche Erfahrungen zurückgreifen. Was bedeutete es, dass der Heilige Geist in ihr etwas zur Geburt bringen würde?

Deine und meine persönliche Heilsgeschichte ist mit dem „Ja" dieser Frau zu Gottes Plänen mit ihrem Leben verbunden. Denn durch dieses „Ja" entschied sie sich, ihren Teil zu Gottes Absichten beizutragen. Ich denke, dass sie ein tiefer Glaube durchströmte, als der Engel sagte:

Denn kein Wort, das von Gott kommt, wird kraftlos sein!
Lukas 1,37

Und diesen Glauben würde sie in ihrem Leben auch nötig haben. Doch sie war mutig – und demütig. Sie vertraute Gott und antwortete:

Siehe, ich bin die Magd des Herrn, es geschehe mir nach deinem Wort!
Lukas 1,38

Dann besuchte sie Elisabeth. Sie hatte unbedingt mit ihr sprechen müssen, mit jemandem, der sie verstand, der ein ähnliches Wunder gerade jetzt auch erlebte. Während der Zeit bei Elisabeth konnte sie innerlich und äußerlich auftanken, aber irgendwann kam die Zeit, in der sie wieder in ihrer gewohnten, alten Umgebung – mit ihrer hohen und von den Anderen nicht verstandenen Berufung – leben musste. An diesem Punkt war die Spannung in ihrem Leben besonders groß. Ich glaube, dass sie innerlich felsenfest von dem einzigartigen Plan Gottes für ihr Leben überzeugt war, doch äußerlich erlebte sie eine schmerzhafte, ungewisse, im Natürlichen feststeckende Situation. Da waren Menschen, die Mühe hatten mit ihren Aussagen über das, was mit ihr geschehen war, und die darin schlichtweg überfordert waren. Die Verankerung im Gesetz Gottes einerseits und die offensichtliche Schwangerschaft andererseits, führten selbst bei Josef zu Rückzugsgedanken.[12] Unverständnis bei den Eltern, Gerede bei den Nachbarn, Blicke und Getuschel bei den Leuten in ihrer Umgebung. In Marias Leben kam es zu erheblichem Widerstand, zu Problemen, Schmerzen, Ablehnung und Ausgrenzung … Warum? Gerade deshalb, weil Gott in ihr übernatürlich etwas Neues zur Geburt bringen wollte und sie „Ja" dazu gesagt hatte. Gerade deshalb, weil es sich hier nicht um einen „natürlichen" und für jedermann verständlichen Vorgang handelte. Es war eine sehr schmerzhafte Zeit für sie.

Ich glaube, dass Marias Begegnung mit dem Engel, mit den Hirten als Zeugen von Gottes Worten, mit den Weisen und ihren Geschenken, mit den Botschaften von Simeon und Hanna im Tempel, in Maria eine tiefe Überzeugung von Gottes Handeln mit ihr schufen. In ihr lebte die Gewissheit, dass der Herr etwas Neues mit ihr begonnen hatte, und dass er es auch vollenden würde. Sie war die „Trägerin" eines echten Neubeginns. Ganz sicher erkannte sie nicht alles auf einen Blick, ihre Sicht und ihr Verständnis waren gewiss nur bruchstückhaft. Doch sie wich nicht von ihrem Entschluss ab, an Den zu glauben, der Ströme durch die Einöde und einen Weg durch die Wüste legen würde:

So spricht der HERR, der einen Weg gibt im Meer und einen Pfad in mächtigen Wassern, der ausziehen lässt Wagen und Pferd, Heer

---
[12] Matthäus 1,19

und Held – liegen sie da, stehen nicht wieder auf; sie sind erloschen, verglommen wie ein Docht –: Denkt nicht an das Frühere, und auf das Vergangene achtet nicht! Siehe, ich wirke Neues! Jetzt sprosst es auf. Erkennt ihr es nicht? Ja, ich lege **durch die Wüste einen Weg, Ströme durch die Einöde**.
Jesaja 43,16-19

Glaubst du das auch für dich? Glaubst du, dass Gott für dich einen Weg im Meer schaffen kann und einen Pfad in mächtigen Wassern? Glaubst du, dass Er die Feinde deines Lebens besiegen wird?

Gott sucht nach Menschen, die voller Kühnheit und Glauben sind, um Seine Pläne zur Geburt zu bringen. Es kann sein, dass du heraustreten musst aus deinem Jetzigen und Bekannten, aus deiner Komfortzone, hinein in das Neue und Unbekannte des Herrn. Er wird es dir offenbaren, du wirst es in einer engen Beziehung zu Ihm erkennen und verstehen. Vielleicht ist es nötig, dass du bestimmte praktische Schritte zur Veränderung deines Lebens tun musst. Vielleicht ist es nötig, dass du dich von Dingen, Angewohnheiten oder schlechten Beziehungen trennen musst. Vielleicht ist es nötig, dass du bestimmten Verhaltensmustern oder Gedanken nicht mehr nachgehst. Es kann auch sein, dass du deine Enttäuschung, Verbitterung und alle Vorwürfe – auch gegen Gott – unter die Vergebung durch das Blut Jesu stellen musst. Oder dass du deinen Alltagsablauf neu ordnest. Es liegt an dir, ob du dein „Nein" zu bestimmten Dingen aktivierst. Alles beginnt mit deinem freien Willen und einem Entschluss dazu, ihn einzusetzen. Der Herr wird dir sicher zur Seite stehen und dir Gelingen schenken, denn Er sucht dein Herz, das bereit ist für einen Neubeginn.

Siehe, ich mache alles ***neu***.
Offenbarung 21,5

Ich habe keine Lust mehr

Neulich sagte ich zu mir selbst: „Ich habe keine Lust mehr!" Gemeint war damit, dass das augenblicklich Erlebte einfach zu viel Negatives beinhaltete und die Kraft, es zu tragen, mir zu viel abverlangte. Aber vielleicht schien es mir auch nur so, als ob die Situation mir tatsächlich zu viel abverlangte. War es nur so dahingesagt? Was war der wirkliche Grund?

Die meisten von uns kennen diesen Satz aus ihrem eigenen Leben. Dieses „Alles-Hinschmeißen"-Gefühl, das in Gedanken und im Herzen Raum greifen will und sich fast verselbstständigt. Spätestens jetzt ist der Zeitpunkt gekommen, die Dinge nicht länger hinauszuschieben, sondern sie vor dem Herrn „auszubreiten". Ich kenne wirklich keine bessere Beratungsstelle, zu der ich meinen Frust, meine Enttäuschung, mangelnde Kraft, die Lustlosigkeit, Überforderung und eben den ganzen Gefühlskram in meinem Inneren hinbringen könnte. Und ich weiß: Dort gibt es eine Antwort.

Es war schon immer das Problem von uns Menschen, das wirklich Richtige zu denken. Das Gute, das uns weiterbringt. Den nächsten Schritt, der nicht in Frust und Entmutigung endet, die an jeder Ecke auf uns lauern, um uns anzufallen und sich an unsere Fersen zu heften. „Ich habe keine Lust mehr!" Die Gefühle scheinen die Herrschaft in uns angetreten zu haben, plötzlich haben sie das Kommando, das Sagen. Aus diesem Gefühlsdilemma heraus Entscheidungen zu treffen, ist keine gute Idee und alles andere als weise.

Was war denn eigentlich passiert, was diesen Satz in mir verursachte: „Ich habe keine Lust mehr"? War es ein Gewittersturm in meinem inneren Menschen, der sich da plötzlich entladen hat? War es eine feindliche Attacke? War es etwas, was sich schon lange aufgestaut hatte? Eigentlich ist es egal, denn wir alle wissen, dass dieser Satz für uns noch nie hilfreich war.

Im Laufe der Zeit lernte ich immer mehr, mit diesem Gefühl in guter Weise umzugehen. Ich muss mich zwar bis heute immer wieder neu und bewusst für diesen Weg entscheiden, aber er ist der Einzige, der funktioniert, zumindest für mich. Ich flüchte mich ins Gebet. Ich zwinge meine inneren Augen, in die Richtung Gottes zu schauen. Ich fokussiere mich auf das, von dem ich weiß, dass es richtig, hilfreich und heilsam ist. Ich blicke weg von dem ach so übermächtigen Negativen. Ich sage „Stopp!" zu meinem Denken, das sich als so festgefahren darstellt, aber es ja bei Licht besehen gar nicht wirklich ist. Und so beginne ich mit Jesus ein Gespräch. Ich starte mit einer Proklamation, mit etwas, was wie ein Befehl meine negativen Gedanken und Gefühle in eine andere Richtung blicken lässt. Ich schaue auf den, der über allen Dingen steht. Fest, unbeirrbar, gestern, heute und morgen derselbe.

Ich sage: „Jesus, du hast den Sieg!"

Dann beginne ich die Jalousien meiner Haltung – innen wie außen – hochzuziehen und bemerke, wie die ersten Lichtstrahlen den diffusen Nebel unseliger Gedanken zu durchdringen beginnen. Bald schon sehe ich wieder klarer und kann aufatmen.

Deshalb lasst nun auch uns … jede Bürde und die uns so leicht umstrickende Sünde ablegen und mit Ausdauer laufen den vor uns liegenden Wettlauf, indem wir **hinschauen auf Jesus**, *den Anfänger und Vollender des Glaubens.*
Hebräer 12,1-2

Vor Kurzem las ich wieder einmal das Buch Nehemia. Es ist ein sehr interessanter Mann, der uns darin vorgestellt wird. Denn er steckte in genau dieser Art von Herausforderungen, Attacken und Negativem, das auf ihn einprasselte. Wenn dir eine innere Stimme sagt: „Schmeiß doch die ganze Sache einfach hin, es lohnt sich ja doch nicht; hör auf; lauf weg …", dann lass dich durch Nehemia ermutigen.

Beschrieben wird er uns als der Mann,
- der Gottesfurcht hatte (5,15)
- der von Gott Stärke erbat (6,9)
- der das Volk anleiten konnte: „… und das Volk tat nach seinem Wort" (5,13)
- der sich nicht zu vornehm oder zu schade war, beim Bauen mit anzupacken (5,16)
- der weise war und die Dinge, die Gott ihm gesagt hatte, von allem anderen unterscheiden konnte (6,12)
- der Angst und Furcht widerstand (6,14)

Der allerbeste Satz, den wir in dem nach ihm benannten Buch in der Bibel finden, ist seine kurze Frage:

Ein Mann wie ich sollte davonlaufen?
Nehemia 6,11

Er steckte in großen Herausforderungen und Schwierigkeiten, doch Nehemia kannte seine Identität und wusste, wer er war, und vor allem auch, wer Gott war. Weißt du, welche Identität du als Kind Gottes hast? Weißt du, wer du wirklich bist? Das Neue Testament spricht ausführlich davon. Es geht darum, dass „*Christus in dir*" ist.[13] Der Heilige Geist ist ausgegossen in dein Herz, Er leitet und berät dich. Du musst wissen, wer du in Christus bist und dass du durch und mit Ihm jede Schlacht deines Lebens, jede Aufgabe und Herausforderung, gewinnen kannst – so wie Nehemia.

Sollte also ein Mann oder eine Frau wie du davonlaufen?

Christus in euch*, die Hoffnung der Herrlichkeit.*
Kolosser 1,27

*Es flieht der Gottlose, ohne dass ihm einer nachjagt; der Gerechte aber **fühlt sich sicher** wie ein Junglöwe.*
Sprüche 28,1

*Bei dem HERRN habe ich mich **geborgen**. Wie sagt ihr zu meiner Seele: Flieh in die Berge wie ein Vogel?*
Psalm 11,1

---

13 Kolosser 1,27

Zum Greifen nahe

Es war mitten in der Nacht, als ich wach wurde. Die Tür stand weit offen, damit die frische Nachtluft das Zimmer kühlte. Ich schaute aus dem Fenster und sah einen außergewöhnlichen Sternenhimmel. Die Sterne leuchteten und glitzerten und schienen geradezu zum Greifen nahe zu sein.

Das musste ich mir genauer ansehen und als ich auf der Terrasse ankam, umgab mich das Dunkel der Nacht. Außer einer in der Ferne fahrenden Eisenbahn war kein Geräusch zu hören. Im Dunkeln lagen Wald und Felder. Aber über mir erstreckten sich unzählige Sterne. Mir war es, als müsste ich nur meine Hände ausstrecken und könnte einen von ihnen berühren – so nah. Der dunkle Himmel war wie Watte und darin eingebettet diese Himmelskörper in ihrer Pracht. Zum Greifen nah und doch so weit entfernt in der Unendlichkeit des Himmels.

Mir kam ein altes Lied in den Sinn, das Psalm 19 entnommen ist: „Der Himmel erzählt die Herrlichkeit Gottes, und das Himmelsgewölbe verkündet Seiner Hände Werk."

Wenn ich anschaue deinen Himmel, deiner Finger Werk, den **Mond** *und die* **Sterne**, *die du bereitet hast: was ist der Mensch, dass du seiner gedenkst, und des Menschen Sohn, dass du dich um ihn kümmerst?*
Psalm 8,4

Welch ein Vorrecht, wir sind Kinder des Schöpfers des Universums. Durch Seinen Geist geboren, von Jesus gerufen, erwählt durch Seine Hand – wir gehören Gott! Wir sind Menschen, die in der Nachfolge Jesu unseren Lauf laufen und im persönlichen Austausch mit dem Heiligen Geist unser Leben gestalten.

Ich erinnerte mich an die kreative Schöpfung Gottes im ersten Kapitel der Bibel:

*Und Gott sprach: es sollen **Lichter** an der Wölbung des Himmels werden, um zu scheiden zwischen Tag und Nacht, und sie sollen dienen als Zeichen und zur Bestimmung von Zeiten und Tagen und Jahren, und sie sollen als **Lichter** an der Wölbung des Himmels dienen, um so auf die Erde zu leuchten.*
1.Mose 1,14

Ich erinnerte mich auch daran, dass Gott Abraham – dessen Name „Vater einer großen Menge" bedeutet – die Verheißung vieler Nachkommen gab. Damit Abraham eine direkte Vorstellung davon bekommen konnte, benutzte Gott das Bild der Sterne am Himmel:

*Und er führte ihn hinaus und sprach: Blicke doch auf zum Himmel, und zähle die **Sterne**, wenn du sie zählen kannst! Und er sprach zu ihm: So zahlreich wird deine Nachkommenschaft sein.*
1.Mose 15,5

Gottes Verheißung: *„Ich will dich sehr, sehr mehren … "*[1] war zum Greifen nahe und schien doch so weit weg von dem zu sein, was im Natürlichen zu sehen war. Gott sagte: Lass eine neue Perspektive dein Leben bestimmen, schau weg von dem Natürlichen. Nicht sein Alter war der Faktor, nicht die Unfruchtbarkeit sollte bestimmend sein, sondern die Verheißung Gottes im Leben von Abraham und Sarah waren Gottes Plan.

---

14   1.Mose 17,2

Denke groß von Gott und Seiner Zusage: *Sollte mir ein Ding in deinem Leben unmöglich sein? Gemeinsam mit der Verheißung gab Gott Abraham eine Anweisung: „Lebe vor meinem Angesicht, und sei untadelig."* Lebe ein Leben in der festen Gemeinschaft mit Gott.

*Er zählt die **Sterne** und ruft sie alle mit Namen.*
Psalm 147,4

Du hast einst die Erde gegründet, und der Himmel ist deiner Hände Werk.
Psalm 102,26

Der Evangelist Reinhard Bonnke sagte einmal: „Gott ist so groß. Die Galaxien fallen wie Staub aus dem Saum Seines Gewandes, wenn Er vorüberschreitet!" Wir sind beeindruckt von den technischen Möglichkeiten, die wir heute haben, dass wir geniale Bilder aus dem Weltraum, von den Sternen und Galaxien sehen können, die uns ihre Größe und Schönheit zeigen. Und doch ist es wie ein Wimpernschlag, der nur für einen kurzen Moment gilt. Immer wieder versucht der Mensch, diesen endlosen Kosmos zu begreifen, zu erforschen und zu verstehen. Aber es ist so, als würde er durch ein kleines Schlüsselloch in einen unendlichen Raum schauen und wenn er die Tür geöffnet hat, stellt er fest, dass es am Ende wieder ein kleines Schlüsselloch gibt, das den Blick in einen weiteren unendlichen Raum frei gibt. Zum Greifen nah und doch so weit entfernt!

Immer noch stand ich bewundernd unter dem mächtigen Himmel, der in all seiner Pracht leuchtete. Die Luft war warm, ich fühlte mich gut hier draußen, mitten in der Nacht, und ich staunte einfach nur wie ein Kind über die Genialität Gottes.

Ich erinnerte mich daran, dass es vor 2000 Jahren Männer gegeben hatte, die sich wegen eines Sterns auf den Weg gemacht hatten:

*Wir haben seinen **Stern** gesehen, und wurden sehr froh.*
Matthäus 2,2+10

Es waren gebildete Männer, die sich mit Astronomie und Sternenkunde beschäftigt hatten. Sie waren Ihm nahe gekommen, hatten Ihn gefunden, den König, zu dem sie lange unterwegs gewesen waren.

Tiefe Dankbarkeit erfüllte mich in dieser Nacht, mitten unter dem riesigen Sternenfirmament. Gott ist nicht weit weg von uns, Er ist zum Greifen nahe gekommen. In Jesus kam Er zu uns, wurde einer von uns. In Ihm haben wir das Heil.

Er kam zu dir und zu mir. Welch ein Vorrecht, Ihn kennen zu dürfen.

Vergeben und vergessen?

Immer wieder sagen Menschen: „Am liebsten würde ich alles vergessen!" Warum kann ich meine Vergangenheit nicht vergessen? Warum kommen immer wieder die Erinnerungen hoch? Ich habe schon alles vergeben, jetzt will ich aber wirklich auch alles vergessen. Doch irgendwie funktioniert es nicht. Warum ist das so?

Manchmal reicht eine Situation, ein Gespräch oder ein bestimmtes Verhalten, ein Geruch oder ein Geschmack aus, und plötzlich tauchen alte, schmerzhafte Erinnerungen wieder auf. Gott hat uns so geschaffen, dass wir uns unsagbar viele Dinge merken können. Wenn du daran denkst, wie wichtig es ist, einmal gelernte Dinge zu behalten, dann kannst du erkennen, dass es ein von Gott eingesetztes Werkzeug ist, das zu unserem Besten dient. Im Positiven schätzen wir es sehr, uns Dinge zu behalten und zu merken. Genauso werden aber auch die Dinge abgespeichert, die wir als negativ empfinden.

Doch als Kinder Gottes können wir aktiv diesen Gedanken widerstehen, wenn sie uns bedrängen wollen. Das geschieht nicht automatisch, sondern wir selbst müssen dagegen vorgehen. Du hast Autorität über dein Denken, du selbst kannst entscheiden, ob du bedrängende Gedanken der Vergangenheit zulässt oder sie ablehnst. Du kannst sie im Namen Jesu zurückweisen – vielleicht ist das mehrfach oder sogar viele Male nötig, doch schon bald wirst du feststellen, dass es immer leichter für dich wird. Lass dich beschenken von Gottes Gedanken über dein Leben. Lass Seine Zusagen von Hoffnung und Frieden in deinem Herzen neu aufstehen. Lass dein Herz wieder neu belebt werden, indem du nach Ihm fragst, nach Seinen Absichten und wie Er sich dein Leben gedacht hat.

Gottes Zusage ist:

*Denn ich kenne ja **die Gedanken, die ich über euch denke**, spricht der Herr, **Gedanken** des **Friedens** und nicht zum Unheil, um euch Zukunft und **Hoffnung** zu gewähren. Ruft ihr mich an, geht ihr hin und betet zu mir, dann werde ich auf euch hören. Und sucht ihr mich, so werdet ihr mich finden, ja, fragt ihr mit eurem ganzen Herzen nach mir, so werde ich mich von euch finden lassen, spricht der Herr. Und ich werde euer Geschick wenden!*
Jeremia 29,11-14

Gerade jetzt!

Brauchst du gerade jetzt Ermutigung, Erfrischung, Wegweisung, Hoffnung …? Dann musst du aktiv werden! Als Erstes solltest du die Dinge, die dir entgegenstehen, klar benennen. Das heißt, dass du dir darüber klar wirst, was es eigentlich ist, das dich so bedrängt.

Wenn du es erkannt hast, stehe im Gebet, im Namen Jesus, entschlossen dagegen auf! Widerstehe den Attacken des feindes. Sei nicht länger bereit, die Bedrängnis zu akzeptieren. Berufe dich auf das freimachende Blut Jesu!

Gerade jetzt hast du Zugang zu allen Segnungen, die der Herr dir schenken möchte, zu jeder Hilfe, jeder Wahrheit, jeder Wegweisung, jeder Kraft, jeder Ermutigung …

Was immer du brauchst, Er hat es und will es dir gerne geben. Der Segen Gottes gehört dir. Sein Sieg ist dein Sieg. Er geht deinem Kampf voran. Er ist dein Friede, Er ist der Geber aller guten Gaben.

Dass der Gott unseres Herrn Jesus Christus, der Vater der Herrlichkeit, euch gebe den Geist der Weisheit und Offenbarung in der Erkenntnis seiner selbst. Er erleuchte die Augen eures Herzens, damit ihr wisst, was die Hoffnung seiner Berufung, was der Reichtum der Herrlichkeit seines Erbes in den Heiligen und was die überragende Größe seiner Kraft an uns, den Glaubenden, ist, nach der Wirksamkeit der Macht seiner Stärke.
Epheser 1,17-19

Auf Empfang mit Gott

Jemand schrieb mich mit folgender Frage an:

„Sie schreiben, dass Sie einen Text von Gott empfangen haben. Darf ich bitte fragen, *wie* Sie ihn empfangen haben? Ich warte seit sechzehn Jahren auf das Erscheinen meines himmlischen Vaters in meinem Leben. Und bin immer ganz froh, wenn ich lese, dass Er zu uns persönlich spricht. Da es bei mir aber noch nicht so bewusst vorgekommen ist, bin ich traurig und enttäuscht. Können Sie mir da vielleicht etwas weiterhelfen, ich sehne mich so sehr nach einem ganz persönlichen Gespräch mit meinem Vater im Himmel. Ich suche den Knopf, den ich drücken muss, damit ich zu Ihm durchkomme."

Das ist eine wirklich gute Frage. Ich will aus meinem Leben berichten, wie ich Jesus höre und wie der Heilige Geist mir Eindrücke schenkt.

Zunächst möchte ich Folgendes sagen: Wir wissen, dass es im Glauben in erster Linie um eine Beziehung geht. Er ist ein Gott, der eine lebendige, reale Beziehung mit Seinem Gegenüber – Seinem Kind – haben möchte.

Mir hilft es immer sehr, wenn ich schaue, wie es im Natürlichen funktioniert. Ganz ähnlich ist es in der Regel auch im Geistlichen. Wie erleben und erfahren wir eine Beziehung im Natürlichen? Man lernt sich zunächst einmal kennen – und das braucht Zeit. Zeit ist äußerst wichtig. Wenn wir Gottes Stimme hören wollen, dann geht das nicht so nebenbei, ohne dass wir uns wirklich darum kümmern. Die Bibel spricht davon, dass wir

„*Gott suchen* "[15] sollen. Das ist durchaus mit etwas Anstrengung verbunden. Wir müssen aus der ständigen Medien-Berieselung, den vielfachen Handyaktivitäten, der kontinuierlichen Ablenkung heraustreten und uns ganz auf Ihn konzentrieren. Oft geht Seine Stimme in dem innerlichen und äußerlichen Krach in und um uns schlichtweg unter.

Dann berichtet man in einer guten Beziehung ganz unverkrampft über das persönliche Leben. Vielleicht erst ganz allgemein und oberflächlich, aber im Verlauf doch immer persönlicher werdend. Man spricht darüber, wie man in der Vergangenheit gelebt und gehandelt hat, welche Stationen im Leben waren. Welche Entscheidungen in den jeweiligen Erlebnissen getroffen wurden, was wichtig war. Man erzählt darüber, wie man heute lebt, was Kraft und Stärke gibt, Mut und Zuversicht schenkt, wo man in Vergebung anderen begegnet ist und wie man sich verändert hat. Das heißt, man ist ehrlich, offen und wahrhaftig. Wir können in einer Beziehung zu Gott nicht irgendetwas vorspielen. Er will, dass wir wie Kinder zu Ihm kommen und Ihm sagen, was uns wirklich tief innen bewegt, was uns freut, wo wir Schmerzen haben, wo wir enttäuscht und entmutigt sind durch die Anforderungen durch uns selbst oder andere.

In einer guten Beziehung spricht man darüber, wie es einem geht – und man hört genauso zu. Man empfängt Tipps, die helfen, den nächsten Schritt zu gehen. Das, was der andere sagt, nimmt man auf, bedenkt es, prüft es und akzeptiert es. Manchmal genießt man auch einfach nur das Zusammensein und spricht vielleicht gar nicht. Man erlebt Sicherheit, Geborgenheit und Freude. Man weiß, dass der andere da ist, auch wenn man ihn nicht direkt vor Augen haben mag.

---

15 1.Chronik 22,19; 2.Chronik 14,3; 31,21; Psalm 63,2; 70,5; Apostelgeschichte 17,27 u.a..

So ist es auch mit unserer Beziehung zu Gott.

Nun möchte ich aus meinem Leben erzählen, wie ich vom Heiligen Geist Impulse empfange und Seine Stimme höre.

Das allerwichtigste Fundament ist natürlich, Jesus Christus als persönlichen Herrn und Erlöser willentlich und wissentlich im eigenen Leben angenommen zu haben. Ohne das kann es keine intakte Beziehung zu Gott geben.

Auch für mich war dies vor vielen Jahren der entscheidende Schritt. Danach habe ich begonnen, kontinuierlich in der Bibel zu lesen, um Jesus besser kennen zu lernen. Dort finden wir, was Er getan hat, wie Er gelebt hat, was Er sagte, wie Er heute in unserem Leben Herr sein will usw. Regelmäßig in der Bibel zu lesen ist von größter Bedeutung, um Gottes Stimme zu hören und vor allem auch, um beurteilen zu können, ob das, was wir gehört haben, auch wirklich vom Heiligen Geist war. Denn Sein Reden wird immer in Übereinstimmung mit Seinem Wort, der Bibel, sein.

Parallel dazu erfahren wir in der Heiligen Schrift, was es über den Vater im Himmel zu wissen gibt, den Schöpfer, über Seine gewaltigen und ewig gültigen Pläne, in die auch dein Leben eingebettet ist.

Dann habe ich mich bewusst nach dem Heiligen Geist und Seinem Wirken ausgestreckt. Ihn kennen zu lernen war ein weiterer, ganz entscheidender Schritt in meinem Leben, eine gezielte Entscheidung, die mich freigesetzt hat. Er ist der Ratgeber, der mich in alle Wahrheit leitet und zu meinem Herzen spricht.

*Denn **welche der Geist Gottes treibt, die sind Gottes Kinder.** Denn ihr habt nicht einen knechtischen Geist empfangen, dass ihr euch abermals fürchten müsstet; sondern ihr habt einen kindlichen Geist empfangen, durch den wir rufen: Abba, lieber Vater! Der Geist selbst gibt Zeugnis unserm Geist, dass wir Gottes Kinder sind.*
Römer 8,14-16 – Luther

Mein Gebetsleben ist deshalb ganz einfach Reden mit Gott. Ich kann meine Anliegen vor Ihm ganz selbstverständlich und unverkrampft ausbreiten und ich bin gewiss, dass Er hört und erhört. Ich habe Ihn als absolut verlässlich kennengelernt! Er lügt nie! Er will übernatürlich in meinem und deinem Leben handeln.

Oft redet Gott zu uns in einer Weise, die wir irrtümlich als unser „Gewissen" interpretieren. Doch es ist der Heilige Geist. Er sagt vielleicht: „Rufe jetzt diese Person an und entschuldige dich bei ihr." Oder: „Bring diese Sache jetzt in Ordnung." Oder: „Bete jetzt für jemand Bestimmten." Oder: „Nimm dir gerade jetzt Zeit zum Bibellesen." Oft schieben wir diese Gedanken zur Seite, weil wir denken, dass es im Moment nicht passt und wir der Meinung sind, dass wir das ja auf später verschieben können. Doch in der Regel kommt es nicht dazu. Wenn wir lernen, dieser leisen Stimme immer mehr zu gehorchen, ihr immer mehr Raum zu geben und das zu tun, was sie sagt – am besten sofort –, werden wir feststellen, dass wir schon beim nächsten Mal die Stimme besser hören … und beim nächsten Mal noch besser. Auf diese Weise entwickeln wir langsam aber stetig eine Sensibilität dafür, die Impulse des Himmels zu empfangen und zu hören, wie Er zu uns persönlich spricht.

Dazu gibt es keine Abkürzung, denn Er „vergewaltigt" uns nicht, indem Er in all den Krach in uns mit noch größerer Lautstärke hineinbrüllt, so dass wir es vielleicht hören können. Er erwartet, dass wir bereit sind, uns nach Ihm aufzumachen, nach der Art, wie Er mit uns ganz persönlich kommunizieren will, Ihn wirklich zu „suchen".

Wer Gott naht, muss glauben, dass er ist und denen, **die ihn suchen, ein Belohner** *sein wird.*
Hebräer 11,6

Alle diese genannten Dinge wirken zusammen, um das Reden Gottes zu hören.

Er spricht zu mir und Er spricht zu dir. Sein Reden ist nicht einigen „besonders geistlichen Heavys" vorbehalten. Nein, du kannst Gott persönlich sprechen hören, denn es ist Sein Herzensverlangen, mit dir zu kommunizieren.

Bete doch einfach diese Bibelverse:

Alle Morgen weckt er mir das Ohr, dass **ich höre, wie Jünger hören***.*
Jesaja 50,4

Meine Schafe **hören meine Stimme***, und ich kenne sie, und sie folgen mir.*
Johannes 10,27

Gott ist treu – Er wird dir antworten. Leg allen verkrampften Druck ab. Es gibt bei Gott keinen „Knopf", den man zum richtigen Zeitpunkt drücken kann oder muss. Er ist immer da, Er hört immer und eigentlich antwortet Er auch immer. Vielleicht manchmal jedoch ein bisschen anders, als wir es erwarten.

Mach dich auf den Weg – es lohnt sich.

*Wer aus Gott ist, **hört** die Worte Gottes.*
Johannes 8,47

Zur Freiheit befreit

In der Bibel lesen wir immer wieder, dass die Menschen, die sich gegen den Bund, den Gott mit ihnen geschlossen hatte, auflehnten, auf diese Weise eine Tür für Gefangenschaft und Niederlage in ihrem Leben öffneten. Sie hörten nicht mehr auf Gott, verließen Sein Wort, liefen anderen Göttern hinterher und letztlich bemerkten sie, dass sie an einem Punkt der Unfreiheit und Sklaverei angekommen waren. Das gilt bis heute. Doch Gefangenschaft ist nicht das, was Gott für unser Leben geplant hat. Zur Freiheit hat uns Christus befreit:

*Denn ihr seid **zur Freiheit berufen** worden, Brüder.*
Galater 5,13

Der feind wird immer versuchen, dich in irgendeine Form von Gefangenschaft zu bringen. Das kann durch die unterschiedlichsten Dinge geschehen. Hast du beispielsweise für eine bestimmte Sache gebetet, die sich dann nicht erfüllt hat? Hast du dich frustriert oder in Selbstmitleid von Gott abgewandt? Sind die Anliegen nicht so durchgekommen, wie du es dir gewünscht und vorgestellt hattest?

Wenn der feind dich nicht dazu bringen kann, zu sündigen, dann wird er versuchen, dich mit anderen, auf den ersten Blick harmlos aussehenden Dingen zu verführen. Er wird dir beispielsweise einreden, dich als Versager zu sehen, als jemanden, den man übersieht, der keine Rolle spielt, der es wieder einmal nicht geschafft hat. Auch hiermit kann er dich in Gefangenschaft und Niederlage festhalten. Oder er konfrontiert dich immer wieder mit Gedanken an die noch nicht geschehene

Heilung, den noch nicht erhaltenen Segen. Die Frustgefühle darüber, mögen sie menschlich verständlich sein oder auch nicht, können manchmal stärkere Waffen gegen uns sein als die eigentliche Krankheitsattacke. Der Plan ist, dass Trauer, deprimierende Gedanken und letztlich Misstrauen gegen Gott die Oberhand gewinnen. Er ist schnell zur Stelle – der feind unserer Herzen. Und mit der ewig gleichen Leier nörgelt und quakt er in unsere Herzen hinein, um Gott in Misskredit zu bringen: „Wenn Gott vertrauenswürdig wäre, dann würde Er doch …"
„Wenn Gott verlässlich wäre, dann hätte Er doch schon längst …"

Es wird nicht lange dauern und man wird sehen, wie die bittere Saat in unseren Herzen sprosst und bald unseren Glauben zu überwuchern versucht. Wenn das bei dir so ist, musst du wissen, dass der feind eine Waffe gegen dich gerichtet hat.

Damit nicht Gefangenschaft und Niederlage dein Leben bedrohen, solltest du jetzt so schnell wie möglich aus dem Schattenbereich des Zweifels und des Unglaubens heraustreten und dich dem Licht Gottes zuwenden. Seine Zusage gilt dir heute: Er wird dich niemals verlassen noch versäumen.[16] Strecke Ihm neu deine Hände und dein Herz entgegen. Richte deinen Blick auf Jesus. Er ist derjenige, der dich aus jeder Form von Gefangenschaft herausholen will und kann. Er hat immer den Sieg in Seinen Händen. Lass dir durch den Heiligen Geist neu Zuversicht und Glauben schenken. Du brauchst nicht in der Gefangenschaft des feindes dein Leben zu verbringen. Über deinem Leben steht: „Befreit!" Das Wort „befreit" heißt auch: erlöst, erleichtert, erquickt, belebt, gestärkt. Das gehört dir, das hat Jesus, der Befreier, für dich errungen.

---

16 Hebräer 13,5

***Zur Freiheit** hat uns Christus **befreit**.*
Galater 5,1 – Luther

*Ich versichere euch, jeder, der sündigt, ist ein Sklave der Sünde. Ein Sklave ist kein Familienmitglied; ein Sohn dagegen gehört für immer zur Familie. Nur dann, wenn der Sohn euch **frei** macht, seid ihr **wirklich frei**.*
Johannes 8,36 – Neues Leben

Ein geniales Kinderspiel

Ein Pastor wollte seinen Kindern beibringen, das zu glauben, was die Bibel über sie sagt, und nicht das, was die Welt über sie ausspricht. Er hatte eine gute Idee und fertigte zahlreiche Kärtchen mit den Wahrheiten und Zusagen der Bibel für sie an. Und dann mischte er Kärtchen mit den negativen und eingrenzenden Aussagen der Welt darunter …

Die biblischen Wahrheiten waren beispielsweise Dinge wie
- Du bist herrlich gemacht.
- Du bist schön.
- Du bist wertvoll.
- Du bist vielgeliebt.
- Du kannst es schaffen.

Die negativen Aussagen waren hingegen Dinge wie
- Du bist zu dumm.
- Du bist hässlich.
- Du bist zu dick.
- Du kannst es nicht.
- Du bist ein Versager.

Dann zogen die Kinder die Kärtchen. Bei den Zusagen der Bibel jubelten sie, tanzten und freuten sich. Bei den Aussagen der Welt riefen sie „Nein!" und buhten. Dies schuf eine gute Grundlage für ein siegreiches Leben nach der Wahrheit des Wortes Gottes.

Vielleicht hattest du nicht das Vorrecht, diesen Unterschied schon im Kindesalter zu verstehen. Deshalb ist es umso wichtiger, dass du dir die biblischen Wahrheiten heute verdeutlichst und verstehst, dass das, was Gott über dich sagt, die Wahrheit ist, und nicht das, was die Welt an Negativem, Eingrenzendem und mitunter Verfluchendem über dir ausspricht.

Schreibe dir eine Liste und deponiere sie überall, wo du dich aufhältst. Fülle deinen inneren Menschen mit der Wahrheit des Wortes Gottes. Und wenn du morgens in den Spiegel schaust, dann sag zu dir selbst: „Gott hat noch etwas vor mit mir!"[17]

***Ihr seid aus Gott**, Kinder, und habt sie überwunden, weil der, welcher in euch ist, größer ist als der, welcher in der Welt ist.*
1. Johannes 4,4

---

[17] In Band 1 findest du am Ende des Buches eine hilfreiche Aufstellung dazu:
„Wer ich gemäß dem Neuen Testament bin"

Lass dich nicht überwältigen

Eine Frau berichtete mir von ihrer Tochter, die mit Depressionen zu kämpfen hatte und immer wieder in angstmachende und entmutigende Gedanken fiel. Sie würde der Tochter dann raten, dass sie, wenn diese Gedanken und Gefühle kommen, in der Bibel oder in ermutigenden Texten lesen solle.

Nun, an sich ist das natürlich der richtige Weg, um mit dem Problem umzugehen. Doch ich denke, dass es in der Regel nicht ausreichen wird, um diesen feind dauerhaft zu besiegen. Wir sollten noch einen Schritt weitergehen, um in den Sieg zu kommen. Nicht erst dann „mal schnell" in der Bibel zu lesen, als würde man ein paar Tropfen Medizin zu sich nehmen, wenn der Schaden angerichtet ist.

Ein Haus, dessen Haustür sperrangelweit offensteht und in das jeder hinein- und herausspazieren kann, um sich – was auch immer – mitzunehmen, hätte doch einen fahrlässigen Hausbesitzer, oder? Das Schloss erst dann zu reparieren, wenn der Eindringling schon in der Tür steht, ist auch nicht klug. Genauso ist es mit unseren Gedanken. Wir müssen grundsätzlich daran arbeiten, wie weit wir unseren Gedanken – und damit oft auch verbunden unseren Gefühlen – freien Lauf lassen.
„Einfacher gesagt, als getan!", wirst du vielleicht einwenden. Aber willst du einen feind in deinem eigenen Haus dulden, der dich beraubt, betrügt, unter dem du leidest und der letztlich plant, dich umzubringen? Du bist der Herr in deinem Haus, du bestimmst, welche Tür geöffnet wird, und welche geschlossen bleibt. Du bestimmst, was du denkst und was du nicht denkst. Es ist an der Zeit, Autorität zu ergreifen.

Das Wort Gottes spricht von der *"Erneuerung unseres Sinnes"*,[18] also davon, dass wir unsere Gedanken auf Jesus fokussieren und uns auf Ihn ausrichten sollen. Das heißt ganz praktisch: nicht erst im Wort Gottes nach Hilfe suchen, wenn der feind schon eingedrungen ist und den Raub in seinen Händen festgekrallt hat, sondern ihn erst gar nicht so weit kommen lassen. Es ist so wichtig, täglich mit dem Herrn und Seinem Wort verbunden zu sein. Nur so schließt du die Tür ab. Es muss in deinem Herzen, deinem inwendigen Menschen leben. Dann kannst du dich den feindlichen, raubenden und mordenden Gedanken der gegnerischen Seite widersetzen und das lebendige Wort Gottes dagegenstellen.

Deshalb bezeichnet die Bibel das Wort Gottes als Schwert. Es ist eine wirksame Waffe gegen die Machenschaften des feindes. Wenn du also heute den Eindruck hast, von deiner eigenen Schwachheit in die Knie gezwungen zu werden, wenn schwierige Situationen zu bewältigen sind, wenn sich Herausforderungen vor dir aufbäumen, du im Moment in Mutlosigkeit feststeckst, dann hol dir etwas aus der Waffenkammer Gottes.

*Denn das **Wort Gottes** ist lebendig und wirksam und schärfer als jedes zweischneidige **Schwert** und durchdringend bis zur Scheidung von Seele und Geist, sowohl der Gelenke als auch des Markes, und ein Richter der Gedanken und Gesinnungen des Herzens.*
Hebräer 4,12

*Nehmt auch den Helm des Heils und das **Schwert** des Geistes,* ***das ist Gottes Wort****!*
Epheser 6,17

---

[18] Römer 12,2

*Zieht die ganze **Waffenrüstung Gottes** an, damit ihr gegen die Listen des Teufels bestehen könnt!*
Epheser 6,11

*Die Nacht ist weit vorgerückt, und der Tag ist nahe. Lasst uns nun die Werke der Finsternis ablegen und die **Waffen** des Lichts anziehen!*
Römer 13,12

Und das Beste dabei ist, dass der Herr uns in diesem Kampf etwas Geniales verheißt, nämlich Seine (!) Stärke:

***Werde stark** durch den Herrn und **durch die Kraft seiner Stärke**.*
Epheser 6,10

Du kannst auf diese Stärke zurückgreifen, sie benutzen. Du kannst sie einfach in Anspruch nehmen, sie gehört dir, ist von Gott selbst in deine Hände gelegt. Es ist nicht deine eigene Stärke nötig – du kannst in Seiner Stärke kämpfen. Es ist tatsächlich machbar und möglich, dem feind in deinem Denken einen Riegel vorzuschieben. Du kannst (!) stark werden:

*Habe ich dir nicht **geboten: Sei stark** und mutig? **Erschrick nicht** und **fürchte dich nicht**! Denn mit dir ist der Herr, dein Gott, wo immer du gehst!*
Josua 1,9

Zu Seinen Füßen

Hinter uns lagen arbeitsintensive Tage einschließlich Seminar- und Predigtterminen. Lange Strecken waren zu fahren, es gab zahlreiche Gespräche und Gebete. Manche offenen Fragen waren noch da, und einiges, was neu bedacht werden musste. Nun war „Zurückbauen" angesagt, Sortieren und Aufräumen. Mein Innerstes sehnte sich nach dieser anstrengenden Zeit nach Entspannung und Neuausrichtung, nach Auffrischen und Erfüllen.

Ich wusste, das würde kein noch so gutes Wellnessprogramm auffangen können. Das war etwas, was ich nur in der Gegenwart meines Herrn Jesus erleben konnte.

In der Bibel finden wir den Bericht von Maria. Dort heißt es, dass sie sich zu den Füßen Jesu niedersetzte und Seinem Wort zuhörte.[19] Das war genau das, was ich brauchte. Ich wollte einen „Austausch". Ich wollte statt Müdigkeit Erfrischung, statt Kraftlosigkeit Stärke, statt Sorgen Freude. Ich wusste, dass ich dazu in Seiner Nähe sein und in Seine Gegenwart eintauchen musste. Ich wollte hören, was Er sagt. Ich wollte zu Seinen Füßen sitzen und Ihn anschauen, um im inneren Menschen gestärkt zu werden. Er würde Antworten auf meine offenen Fragen haben und mich neu ausrichten, auffüllen und erfrischen. Er würde zu meinem Herzen sprechen und ich würde es verstehen.

Ich nutzte die Mittagszeit, um genau das zu tun. Und wieder erlebte ich ein ganz schnelles „Hineingehen" in Seine Gegenwart. Es war nicht kompliziert. Ich brauchte es nicht langwierig zu „beantragen", nicht zu betteln oder zu bitten, ich brauchte

---
[19] Lukas 10,39

weder Mut noch Kühnheit. Nein, es war sofort möglich, bei Ihm zu sein, zu hören, zu verstehen. Ich musste mir einfach nur die Zeit dafür nehmen. Erfrischt stand ich auf und arbeitete weiter.

Wir können nur das weitergeben, was in uns ist, was der Herr in uns zur Verfügung gestellt hat. Ansonsten bleibt es bei menschlichen Worten des Trostes und der Ermutigung, die letztlich sehr schnell an ihre Grenzen stoßen.

Nutze das Zur-Ruhe-Kommen bei Jesus. Es ist ein Vorrecht, das du ganz neu entdecken kannst. Die Bibel spricht von dem guten Teil, das Maria erwählte. Sie hatte Anteil an der Kraft und Liebe, an der Gnade und Güte des Herrn. Sie war ergriffen von Seiner Herzlichkeit und Wärme. Sie tauchte in Seine Gegenwart ein und empfing Beistand, Hilfe, Unterstützung und Segen. Verpasse diese Zeiten mit dem Herrn und dem Heiligen Geist nicht und empfange von Ihm.

*Maria aber hat **das gute Teil erwählt**, das nicht von ihr genommen werden wird.*
Lukas 10,42

Licht für deinen Weg

Wenn wir durch Zeiten von Dunkelheit oder Unklarheit gehen, benötigen wir als Wichtigstes etwas, was uns Licht und Klarheit vermittelt. Genau das ist die Aufgabe des Wortes Gottes. Es ist wie eine Lichtquelle in tiefster Nacht. Deshalb ist es so entscheidend, dass wir uns intensiv damit beschäftigen.

Ohne Wort Gottes werden wir im Dunkeln durch unser Leben tappen und manches, was man bei Licht leicht hätte erkennen und umgehen können, vermag uns schmerzlich zu Fall zu bringen. Der feind jedenfalls wird immer versuchen, dich davon abzubringen, das Wort Gottes zu lesen und anzuwenden. Er erzählt dir: „Das verstehst du nicht." „Es ist zu kompliziert." „Es ist langweilig." „Es ist etwas für alte Leute." „Dafür hast du jetzt keine Zeit!" usw. Achte nicht auf seinen Unsinn. Gott hat dir Sein Wort gegeben, damit du siegreich durchs Leben gehen kannst.

*Dein **Wort** ist meines Fußes **Leuchte** und ein **Licht** auf meinem **Wege**.*
Psalm 119,105

*Und so besitzen wir das prophetische **Wort** umso fester, und ihr tut gut, darauf zu achten als auf eine **Lampe**, die an einem dunklen Ort **leuchtet**, bis der Tag anbricht und der Morgenstern in euren Herzen aufgeht*
2. Petrus 1,19

*Denn eine **Leuchte** ist das Gebot und die Weisung ein **Licht**, und ein **Weg** zum Leben sind Ermahnungen der Zucht.*
Sprüche 6,23

Reise mit leichtem Gepäck

Befindest du dich in einer Phase, in der sich Dinge in deinem Leben verändern und etwas Neues geschieht? Vielleicht durch einen neuen Ausbildungs- oder Arbeitsplatz oder einen Umzug? Packst du gerade deine sieben Sachen zusammen? Oder sitzt du gar schon auf gepackten Koffern?

Ja, Kofferpacken ... was packen wir nicht für unsere Lebensreise so alles zusammen! Vieles von dem, was wir mitnehmen, brauchen wir – nüchtern betrachtet – eigentlich gar nicht. An manchen Dingen schleppen wir uns innerlich sogar fast kaputt. Manches andere wollen wir einfach nicht weglassen, nicht aufgeben, weil zum Beispiel unser Herz und unsere Erinnerungen daran hängen. Manches an Gewicht haben uns auch andere in unsere Taschen gepackt. Vielleicht tragen wir sogar Taschen oder Koffer mit uns herum, die uns gar nicht gehören. Du kennst ja sicher die Ansagen auf dem Flughafen, dass man kein fremdes Gepäck mitnehmen soll. Das hat seinen guten Grund. Und den gibt es auch im geistlichen Bereich: Schleppe kein Gepäck mit dir herum, das dir nicht gehört.

Jesus sagt: Meine Last ist leicht! Wenn das für dich nicht zutrifft, dann schleppst du zu viel Gewicht auf deiner Lebensreise mit dir herum, du bist überladen. Ich denke, dann ist es vielleicht an der Zeit, einiges aus deinen Koffern auszupacken. Und vielleicht ist es sogar dran, einen kompletten alten Koffer endlich aufzugeben, wegzustellen und im wahrsten Sinne des Wortes zu ent–sorgen?

*Kommt alle her zu mir, die ihr müde seid und schwere Lasten tragt, ich will euch Ruhe schenken. Nehmt mein Joch auf euch. Ich will euch lehren, denn ich bin demütig und freundlich, und eure Seele wird bei mir zur Ruhe kommen. Denn mein Joch passt euch genau, und **die Last, die ich euch auflege, ist leicht**.*
Matthäus 11,28-30 – Neues Leben

Beraubtes Leben, verbrannte Ernte

Im Land Gideons herrschte schon seit Jahren Hungersnot, die durch feindliche Armeen künstlich verursacht wurde. Den Bericht darüber finden wir in Richter, Kapitel 6 und 7. Jedes Jahr aufs Neue gab es geraubte Ernten und verbranntes Land.

Bist du auch beraubt worden? Ist das Land deines Lebens auch verbrannt und deine „Ernte" vernichtet worden? Dann schau dir die Gideon-Geschichte einmal etwas genauer an …

Der feind ist im Leben vieler Christen auf Raubzug. Raub in Beziehungen, in Ehen, in Finanzen, im Arbeitsleben, in der Gesundheit … Und in dem parallel dazu in ihren Gedanken tobenden Kampf, versucht er jedes Stückchen ihres Landes abzufackeln.

Zu Gideons Zeit war es so, dass die Menschen Gott missachtet hatten. Sie hatten sich anderen Göttern zugewandt, das heißt, andere Dinge waren in ihrem Leben wichtiger geworden, hatten die erste Priorität eingenommen. So hatten sie Gottes Maßstäbe verlassen und Sein Reden überhört. Dann blieb der Segen aus und der feind fand offene Türen. Jetzt konnte er auf Raubzug gehen und scheinbar vermochte ihm niemand zu widerstehen – jahrelang.

Doch dann griff Gott ein. Er berief Gideon und es kam zu einer unerwarteten Wende. Mit ganz wenig, ja, fast nichts in der Hand, besiegte er den übermächtigen feind. Mit leeren Krügen, Fackeln und Schofarhörnern (im Deutschen meist fälschlich als Posaunen übersetzt). Gideon sah sich selbst als schwach gegenüber dem feind an. Doch in der Stärke Gottes zog er aus – und der Herr gab den Sieg.

Lass uns diese Strategie Gottes in unser eigenes Leben übertragen:

- Höre auf das Wort des Herrn und das, was Er dir sagt.
- Setze Ihn als erste Priorität in deinem Leben fest.
- Schaue auf Jesus und die Macht Seiner Stärke.
- Stehe auf in der scheinbar so kleinen Kraft, die du hast.
- Ziehe in deinen persönlichen Kampf und erwarte, dass Gott eingreift.
- Bleib dran, bis zum Sieg, den Gott dir schenken will.

Gott ist derselbe gestern, heute und in alle Ewigkeit und deshalb gilt die Zusage, die Er damals Gideon gab, auch heute für dich:

Ich werde mit dir sein!
Richter 6,16

*Der HERR **ist mit dir**, du tapferer Held!*
Richter 6,12

Schlecht geschlafen?

Eine Frau erzählte mir davon, wie schlecht sie nachts schläft. Sie würde sich ständig mit den Gedanken beschäftigen, die sie schon tagsüber im Griff hätten, und nachts würde es noch schlimmer werden. Sie dachte daran, Schlaftabletten zu nehmen, weil das vielleicht helfen würde …

Sicher kennst du das auch, dass du nachts wach wirst und nicht so richtig in die nächste Schlaf-Etappe hineinfindest. Die Gedanken kreisen hin und her und wollen sich weder ordnen noch abschütteln lassen.

Aus meinem eigenen Erleben möchte ich dir einen Tipp weitergeben. Ich habe immer etwas zu schreiben auf meinem Nachtschränkchen liegen, so dass ich zum Beispiel die Dinge, die mir einfallen und die ich morgen oder übermorgen erledigen muss, schon mal aufschreiben kann. Auch Gedanken, die mich in Beschlag genommen haben, schreibe ich auf. Oft ist mir schon aufgefallen, dass sie im Schreiben ihre Bedrohung und Kraft verloren haben. Das ist für mich eine Hilfe, weil ich diese Dinge dann schon mal aus dem Kopf habe.

Manchmal stehe ich auch auf und setze mich für einige Zeit in ein anderes Zimmer, ich mache mir Lobpreismusik an und komme innerlich besser zur Ruhe. Ich danke dem Herrn und richte meine Gedanken auf Ihn aus. Dann geht es an die Dinge, die mich so beschäftigen. Manchmal ist das ein Stück echter Arbeit. Es sind ja gerade diese Gedanken, die sich in meinem Kopf so fest eingenistet und die schon so viel Raum eingenommen haben, dass sie sich ständig wiederholen.

Nein, diese Gedanken müssen wirklich mit Gott besprochen werden. Ihnen muss befohlen werden, dass sie weichen und mich freilassen müssen. Ich rufe mir in Erinnerung, was der Herr schon getan hat, in welchen Bereichen ich Sein Wirken erlebt habe oder gerade jetzt sehe, und ich werde dankbar. Ich spreche im Gebet aus, dass der Herr alle Dinge im Überblick behält und dass Er mein treuer Hüter ist, der mir zuhört, und der nicht abhängig ist von Schlaf.

Er ermüdet nicht und ermattet nicht, unergründlich ist seine Einsicht. Er gibt dem Müden Kraft und dem Ohnmächtigen mehrt er die Stärke!
Jesaja 40,28

Und nach einiger Zeit sind meine Gedanken in Ihm zur Ruhe gekommen und ich kann wieder ins Bett gehen. Ruhig, gelassen und sicher, dass ich gut schlafen werde. Denn das, was mich bewegt hat, habe ich Ihm anvertraut.

*Ich legte mich nieder und **schlief**; ich erwachte, denn der HERR stützt mich.*
Psalm 3,6

***In Frieden** werde ich, sobald ich liege, **schlafen**; denn du, HERR, lässt mich, obschon allein, in Sicherheit wohnen.*
Psalm 4,9

*Wenn du dich hinlegst, wirst du nicht aufschrecken, und liegst du, **erquickt dich dein Schlaf**.*
Sprüche 3,24

Vorsicht – empfindlich!

Jeder von uns weiß, wie es sich anfühlt, wenn man etwas im Auge hat, zum Beispiel ein Sandkörnchen. Das Auge entwickelt sofort Tränenflüssigkeit und wir unternehmen alles Mögliche, um den Fremdkörper schnellstmöglich zu entfernen. Unsere Reflexe schützen unseren empfindlichen und wichtigen Augapfel. Dazu fiel mir kürzlich ein interessanter Vers aus der Bibel ein. Der Vers steht in den Sprüchen und lautet:

Bewahre meine Gebote, damit du lebst, und meine Weisung ***wie deinen Augapfel.***
Sprüche 7,2

So wie du dein Auge ganz natürlich und selbstverständlich schützt, bewahrst und Störfaktoren entfernst, so sollst du das Wort Gottes in deinem Leben schützen und bewahren. Du sollst dein „Augenmerk" darauf richten.

Denn immer wieder kommt es dazu, dass sich ein „Fremdkörper" in unserem Leben breit macht. Der feind versucht, deinen Blick zu trüben, deine Sicht zu rauben. Du kannst dann nicht mehr richtig „sehen". Das hat zur Folge, dass wir uns auf unserem Lebensweg nicht mehr richtig ausrichten können.

Bleib fokussiert, lass dich nicht ablenken, sei wachsam. Wenn du Leben in der Fülle Gottes haben möchtest, dann beschütze und bewahre das Wort Gottes in deinem Herzen. Es wird dich ermutigen, dich tragen, dir Weisheit geben und tiefe Erkenntnis über den Willen Gottes schenken.

*Lass deine **Augen** geradeaus blicken und deine Blicke gerade vor dich gehen!*
Sprüche 4,25

*Bewahre mich wie den **Augapfel**, birg mich im Schatten deiner Flügel.*
Psalm 17,8

Heiter trotz wolkig

Es gibt Menschen in unserer Nähe, die es mit wenig Aufwand schaffen, uns immer wieder in Frust, Ärger, Bedrängnis oder eine negative Haltung zu bringen. Eine E-Mail, ein Telefonat, eine Bemerkung mit dem gewissen Unterton, ein bestimmter Blick, haben das Potenzial in sich, uns völlig aus der Ruhe zu bringen. Und genau das ist die Absicht. Denn wenn wir erst einmal aus der Ruhe, nämlich dem Schalom Gottes, herausgebracht worden sind, nehmen die Dinge oft einen schnellen und unguten Verlauf.

Hüte dich in solchen Situationen vor negativem Reden, es wird dadurch nicht besser oder leichter werden, sondern nur noch problematischer. Unüberlegte Worte gehen uns meist viel zu schnell über die Zunge. Lass dich nicht in Dinge hineinziehen, die du hinterher bereust. Geh nicht in die Falle, steig einfach nicht in schlechte Stimmung ein. Das kann eine Herausforderung für dich sein und eine sehr wichtige Entscheidung. Es ist so leicht, einer negativen Atmosphäre Raum zu geben. Frustration greift schneller um sich als ein Grippevirus. Und es stimmt einfach nicht, dass Mitjammern, Mitheulen und Mitschimpfen dir Erleichterung verschafft.

Es ist eine Attacke des feindes und du musst sie als solche erkennen. Die Bibel sagt, dass es die „Mächte der Bosheit in der Himmelswelt" sind, die gegen uns ankämpfen. Deshalb ist es wichtig, in der richtigen Weise darauf zu reagieren. Im Epheserbrief, in dem diese Formulierung gebraucht wird, lesen wir, dass der Herr uns für diese Fälle eine Rüstung bereitgelegt hat. Diese ist dazu gedacht, den Mächten der Bosheit Widerstand zu leisten. Doch unser Job ist es, sie tatsächlich auch anzuziehen:

Lasst euch vom Herrn Kraft geben, lasst euch stärken durch seine gewaltige Macht! **Legt die Rüstung an**, *die Gott für euch bereithält; ergreift alle seine Waffen! Damit werdet ihr in der Lage sein, den heimtückischen Angriffen des teufels standzuhalten. Denn* **unser Kampf richtet sich nicht gegen Wesen von Fleisch und Blut, sondern gegen die Mächte und Gewalten der Finsternis**, *die über die Erde herrschen, gegen das Heer der Geister in der unsichtbaren Welt, die hinter allem Bösen stehen. Deshalb greift zu den Waffen, die Gott für euch bereithält! Wenn dann der Tag kommt, an dem die Mächte des Bösen angreifen, seid ihr gerüstet und könnt euch ihnen entgegenstellen. Ihr werdet erfolgreich kämpfen und am Ende als Sieger dastehen!*
Epheser 6,10-13 — NGÜ

Er gibt dem Müden Kraft, und Stärke genug dem Unvermögenden.
Jesaja 40,29

Die Notrufnummer

Einige von uns können sich gar nicht mehr vorstellen, wie unser Leben ohne Handy aussehen würde. Und wenn wir uns einmal in einer Notlage befinden, können wir – selbst wenn bei einem Prepaid-Handy das Guthaben aufgebraucht ist – die Notrufnummer 112 anwählen. Sie ruft schnelle Hilfe von Rettungsdienst, Polizei oder Feuerwehr herbei. Als ich über diese Absicherung in unserem Alltag nachdachte, kam mir in den Sinn, dass es da ja auch eine „himmlische Notrufnummer" gibt. Ja, wirklich. Du solltest sie unbedingt kennen, denn irgendwann wirst du sie brauchen und es ist gut zu wissen, welche „Hilfskräfte" sich dahinter verbergen. Du findest sie in den Psalmen:

Rufe mich an am Tag der Not; Ich will dich erretten, und du wirst mich preisen.
Psalm 50,15

Diese Aussage beinhaltet drei Teile:

- Gott sagt: „Rufe mich an".
  Das hast also du zu tun.
- Dann gibt Er die Verheißung: „Ich will dich erretten".
  Das tut Er, das ist Sein Part.
- Das führt zum Endergebnis: „Du sollst mich preisen".
  Das hast wieder du zu tun.

Diese Reihenfolge ist kein Zufall. Wenn wir Gott unsere Anliegen nicht bringen, sie Ihm nicht nennen, sie nicht vor Ihm ausbreiten, wird wenig geschehen. Er erwartet es von uns.

Und wenn Er eingegriffen hat, dann erwartet Er von uns eine Reaktion darauf, nämlich unseren Dank, unsere Anbetung, unseren Lobpreis. Viele Christen scheitern an diesem wichtigen Punkt, doch das sollte nicht für dich gelten. Wende dich nicht nur mit deinen Anliegen an Gott, erwarte nicht nur Sein Eingreifen, sondern reagiere auch mit deiner Dankbarkeit auf das Geschenkte. Entfache Lobpreis in deinem Herzen und lass ihn aus deinem Mund kommen. Bekenne es vor anderen Menschen, rede darüber, was der Herr getan hat. Richte ein Zeugnis Seiner Gnade auf. Das wird dich weiter aufbauen, deinen Glauben noch mehr wachsen lassen und es wird anderen Menschen Vision geben, dass auch sie schwierige Hindernisse überwinden können, um an den Platz des Sieges zu kommen. Hebe den Namen Jesus hoch!

*Wenn ich **rufe**, antworte mir, Gott meiner Gerechtigkeit! In Bedrängnis hast du mir Raum gemacht; sei mir gnädig und höre mein Gebet!*
Psalm 4,2

*Dieser Elende **rief**, und der HERR hörte, und aus allen seinen Bedrängnissen rettete er ihn.*
Psalm 34,7

*Am Tag meiner Bedrängnis **rufe** ich dich an, denn du erhörst mich.*
Psalm 86,7

*Zum HERRN **rief** ich in meiner Not, und er erhörte mich.*
Psalm 120,1

Lass dich verändern

Veränderung ist ein Wort, das manchen Angst und Schrecken einjagt. Veränderung bedeutet, Altes und Bekanntes hinter sich zu lassen und in etwas Neues aufzubrechen. Als Christen sind wir aufgefordert, uns immer mehr verändern zu lassen – und zwar in das Ebenbild Jesu. Nichts verändert uns so sehr wie Seine Nähe und Seine Gegenwart.

Im Psalm 23,5 heißt es, dass Er uns im Angesicht unserer feinde einen Tisch bereitet. Genau dort empfangen wir Gnade, Barmherzigkeit und Liebe und haben Gemeinschaft mit Ihm. Gott „erlaubt" dem feind sozusagen, dabei zuzuschauen, wie Er uns versorgt.

Du musst nichts leisten oder tun, um dich in Seiner Gemeinschaft befinden zu dürfen. Du darfst so kommen wie du bist. Einfach so. Einfach jetzt! Nutze heute die Zeit, um dich in Seiner Gemeinschaft beschenken, segnen und verändern zu lassen!

Naht euch Gott und er naht sich euch!
Jakobus 4,8

Nahe ist der HERR allen, die ihn anrufen, allen, die ihn in Wahrheit anrufen.
Psalm 145,18

Hunger nach Gott

Neulich sagte jemand ganz aufgebracht zu mir: „Na also hör mal, den Hunger nach Gott, den kann ich mir doch nicht machen. Entweder man hat Hunger oder nicht!"

Schauen wir uns an, wie es im Natürlichen mit unserem Hunger und dem Sättigungsgefühl aussieht. Wenn wir uns ständig zwischendurch mit irgendetwas abfüllen, haben wir keinen Hunger. Viele leben so, dass sie ständig nach irgendetwas greifen; sie können nicht auf bestimmte Sachen verzichten, selbst dann nicht, wenn sie wissen, dass es ihnen nicht gut tut. Im Geistlichen ist es ganz genauso. Wenn wir unseren Geist und unsere Seele kontinuierlich mit irgendwelchen Nachrichten, mit Unterhaltung, Fernsehen, Computerspielen oder den Sorgen und dem Denken der Welt abfüllen; mit Fastfood, Junkfood, Snacks und Co., dann fehlt uns das Verlangen nach Gott. Womit wir uns füllen, das ist in uns drin, ganz einfach. Doch Gott will, dass wir Ihn und Sein Wort begehren. Er will, dass wir geistlichen Hunger nach Ihm, Seiner Person, Seiner Gegenwart und der Gemeinschaft mit Ihm haben.

In der Apostelgeschichte wird uns von einem Mann berichtet, von dem es heißt:

*Dieser ... **begehrte** das Wort Gottes zu hören!*
Apostelgeschichte 13,7

Das hat mich ganz neu angesprochen. Ein Prokonsul, der Verwalter einer Provinz, rief Paulus und Barnabas, weil er das Wort Gottes zu hören „begehrte". Das Wort „begehren" bedeutet so viel wie: darauf brennen, Durst haben, sich nach etwas verzehren, nach etwas Verlangen haben … Begehrst du Sein Wort wie frisches Wasser für deine durstige Seele? Gott bietet uns Sein Wort an, weil Er weiß, dass wir es als gute, gesunde, sättigende Nahrung für Geist, Seele und Körper brauchen. Es ist gut, wenn du deinen inneren Menschen immer mehr und mehr mit dem Guten sättigst, das Gott dir anbietet.

Der Prophet Jeremia schreibt sehr bewegend:

*Fanden sich **Worte von dir**, dann habe ich sie **gegessen**, und deine Worte waren mir zur Wonne und zur Freude meines Herzens; denn dein Name ist über mir ausgerufen, Herr; Gott der Heerscharen.*
Jeremia 15,16

Die Riesen deines Lebens

„Es gibt Riesen im Land …", das war die schlechte Nachricht, die Mose von den ausgesandten Kundschaftern überbracht wurde, als sie von ihrem Erkundungstrip durchs verheißene Land zurückkamen. Das Land war gut, sehr gut sogar, aber …! Wie konnte das sein? Es war doch das von Gott versprochene Land, in dem Milch und Honig fließen sollten. Das mit den Riesen passte so gar nicht ins Bild, in die Erwartungen, in die Vorstellungen, wie das mit den von Gott gegebenen Verheißungen Realität werden sollte. Wieso diese unerwarteten Probleme, diese „Riesen"? Hatte Gott da irgendetwas übersehen, war etwas schiefgelaufen? Ganz sicher nicht.

Auch haben wir dort die Riesen gesehen … und wir waren in unseren Augen wie Heuschrecken, und so waren wir auch in ihren Augen.
4.Mose 13,33

Gibt es vielleicht auch in deinem Leben Riesen? Krankheits-Riesen, Beziehungs-Riesen, finanzielle Riesen, Einsamkeits-Riesen, Mobbing-Riesen, Kinderlosigkeits-Riesen, Angst-Riesen, … oder was auch immer für ein Name auf der stählernen Rüstung stehen mag? Wieso diese Probleme und Herausforderungen? Hat Gott da etwas übersehen? Ist da etwas schiefgelaufen? Ganz sicher nicht … und jetzt?

Du musst ein Verständnis dafür entwickeln, dass du selbst es bist, der den feind, den Riesen deines Lebens, nicht ignoriert, nicht duldet, nicht übersieht – sondern besiegt. Das ist nicht Gottes Job. Er wird deine Riesen nicht für dich überwinden. Du selbst musst es tun. Doch Gott lässt dich nicht allein, Er hat dich trainiert, gestärkt und ausgerüstet. Er gibt dir festen Stand, Kraft und Gelegenheit, jeden Riesen, der sich dir entgegenstellt, besiegen zu können. Er rüstet dich mit der richtigen Strategie aus Seinem Wort aus. Du und ich gehören nicht zu denen, die zurückweichen zum Verderben, sondern zu denen, die glauben, zur Gewinnung des Lebens.[20]

Fange heute an, die Riesen deines Lebens zu attackieren, indem du das Wort Gottes über deiner Situation aussprichst. Proklamiere Gottes Wahrheiten über den Umständen. Denn nicht das, was der Riese sagt, ist die Wahrheit – er ist vom Vater der Lüge[21] – sondern das, was der Herr in Seinem Wort über dir ausspricht und dir zusagt.

Denn ich kenne ja die Gedanken, die ich über euch denke, spricht der HERR, Gedanken des Friedens und nicht zum Unheil, um euch Zukunft und Hoffnung zu gewähren.
Jeremia 29,11

*… das Schwert des Geistes, das ist **Gottes Wort**!*
Epheser 6,17

---

20 Hebräer 10,39
21 Johannes 8,44

Fühlst du dich allein?

Manche Menschen, die Jesus nachfolgen, haben das Gefühl, dass sie allein auf dem Weg durch die Wüste ihres Lebens unterwegs sind. Sie empfinden keine Nähe Gottes in ihrem Lauf und in ihren Herausforderungen. Die Propaganda des feindes will uns glauben lassen, dass der Vater nicht über uns wacht, Jesus nicht mit uns unterwegs ist und der Heilige Geist nicht in unseren Herzen lebt. Doch der Herr wusste, dass wir von diesen Lügen angegriffen werden würden und verhieß uns deshalb:

Ich bin bei euch alle Tage *– bis an der Welt Ende.*
Matthäus 28,20

Eine andere Übersetzung schreibt:
„Ich versichere euch: Ich bin immer bei euch, bis an das Ende der Zeit!"

Die Bibel verheißt uns, dass die Hand des Herrn nicht zu kurz ist, um zu retten, und Sein Ohr nicht zu schwer, um zu hören![22] Das bedeutet, dass Er jeden Augenblick für dich und deine Anliegen da ist.

Er ist bei dir, wenn du durch eine Prüfungssituation gehen musst, wenn du Widerstand erfährst, wenn du in deinem Recht benachteiligt wirst, Schmerzen aushalten musst oder auf Heilung wartest. Er ist bei dir, wenn du dich ganz alleine fühlst und kein Mensch an deiner Seite steht. Er ist bei dir, wenn du nicht klar sehen kannst und nicht weißt, wie es weitergehen soll oder was zu tun ist. Jesus ist direkt bei dir, ganz nah an deiner Seite – glaube das! Es ist die Wahrheit des Wortes Gottes, die dir gehört.

---
22 Jesaja 59,1

Der Psalm 139 beschreibt auf ganz wunderbare Weise, dass die Gnade Gottes uns von allen Seiten umgibt. Du kannst diesen Psalm über deinem Leben zur Ermutigung aussprechen und beten. Zuversicht wird aus diesem Wort in dein Herz strömen. Es sind tröstliche und Mut machende Worte, die dir helfen, Gott in jeder Situation zu vertrauen. Seine Hand wird dich leiten und Seine Rechte wird dich halten, auch – oder gerade – in den dunklen und einsam empfundenen Zeiten deines Lebens:

HERR, du hast mich erforscht und erkannt. Du kennst mein Sitzen und mein Aufstehen, du verstehst mein Trachten von fern. Mein Wandeln und mein Liegen – du prüfst es. **Mit allen meinen Wegen bist du vertraut.** *Denn das Wort ist noch nicht auf meiner Zunge – siehe, HERR, du weißt es genau.*

Von hinten und von vorn hast du mich umschlossen, **du hast deine Hand auf mich gelegt***. Zu wunderbar ist die Erkenntnis für mich, zu hoch: Ich vermag sie nicht zu erfassen. Wohin sollte ich gehen vor deinem Geist, wohin fliehen vor deinem Angesicht? Stiege ich zum Himmel hinauf, so bist du da. Bettete ich mich in dem Scheol, siehe, du bist da. Erhöbe ich die Flügel der Morgenröte, ließe ich mich nieder am äußersten Ende des Meeres, auch dort würde deine Hand mich leiten und deine Rechte mich fassen. Und spräche ich: Nur Finsternis möge mich verbergen und Nacht sei das Licht um mich her: Auch Finsternis würde vor dir nicht verfinstern, und die Nacht würde leuchten wie der Tag, die Finsternis wäre wie das Licht.*

Denn du bildetest meine Nieren. Du wobst mich in meiner Mutter Leib. Ich preise dich darüber, dass ich auf eine erstaunliche, ausgezeichnete Weise gemacht bin. Wunderbar sind deine Werke, und meine Seele erkennt es sehr wohl. Nicht verborgen war mein Gebein vor dir, als ich gemacht wurde im Verborgenen, gewoben in den Tiefen der Erde. Meine Urform sahen deine Augen. Und in dein Buch waren sie alle eingeschrieben, die Tage, die gebildet wurden, als noch keiner von ihnen da war.

Für mich aber – wie schwer sind deine Gedanken, Gott! Wie gewaltig sind ihre Summen! Wollte ich sie zählen, so sind sie zahlreicher als der Sand. Ich erwache und bin noch bei dir. …

Erforsche mich, Gott, und erkenne mein Herz. Prüfe mich und erkenne meine Gedanken!

Und **sieh, ob ein Weg der Mühsal bei mir ist, und leite mich auf dem ewigen Weg!**
Psalm 139,1-24

Ein Vorratshaus des Herrn

Wir sind öfter umgezogen und das brachte mit sich, dass wir uns in dem neuen Umfeld immer wieder neu orientieren mussten. Wir mussten uns umschauen, wie man all die vielen persönlichen Dinge neu regelt und klärt. Da fällt mir zum Beispiel ein, wie es war, wenn ich einen Supermarkt für mich „eroberte". Ich musste mich neu einstellen, wie ich den Parkplatz finde, den Einkaufswagen, den Eingang – kurz: „Wie das hier so funktioniert". Und dann das Angebot: Was gibt es hier, wo, für mich? Wo ist der Vorteil, wenn ich gerade hier einkaufe? Sind die Verkäufer nett, hilfsbereit, freundlich? Ich nahm mir Zeit, um einen ersten Eindruck und Überblick zu gewinnen. Beim ersten Besuch nahm ich schon das eine oder andere mit – deshalb hatte ich mich ja auf den Weg gemacht. Dann wurden die Einkäufe größer, ich versuchte auch mal etwas, was ich noch nicht so kannte. Manches davon werde ich vielleicht dann nicht mehr nehmen, aber andere Sachen gefallen mir – sie passen zu mir, sie schmecken mir, sie sind gesund für mich und meine Familie.

Dieses Beispiel half mir, auch im geistlichen Bereich etwas zu erfassen. Der Heilige Geist ist sehr praktisch und hilft uns, die Dinge zu verstehen und einzuordnen. Und so empfand ich, dass Gott ein riesiges Vorratshaus hat, viel größer als jeder Supermarkt, das mit einem unvergleichlich genialen Angebot für uns geradezu vollgestopft ist. Es steht auch für dich offen. Es ist nicht kompliziert, sich etwas auszusuchen und zu nehmen. Niemand steht neben dir und verbietet dir dies oder das – nur du selbst kannst das tun. Gott bietet dir Seine Segnungen aus Seinem unbeschreiblichen Reichtum an – Er wird dich jedoch nicht zwingen, etwas davon zu nehmen. Er hält immer Überfluss für dich bereit, ist nie limitiert. Begrenzen tun wir uns immer nur selbst, zum Beispiel durch unsere „Diätvorgaben", unsere Vorstellungen, unsere Denkmuster. Manche begrenzen sich aus dem Glaubens- oder Gemeindehintergrund heraus, in dem sie aufgewachsen sind. Oder mit dem, was andere Menschen ihnen sagen und raten oder verbieten. Entscheidend ist eigentlich nur dein Hunger, dein Verlangen, dein Begehren nach dem „Mehr" von Gott. Denn grundsätzlich gilt: Gott hat mehr für dich!

Sei dir sicher: Du kannst „einfach so" zugreifen und dich beschenken lassen. Probiere doch mal etwas Neues aus dem reichen Überfluss deines himmlischen Vaters aus. Er hat die Fülle für dich!

Du wirst mir kundtun den Weg des Lebens, **Fülle von Freuden** *ist vor deinem Angesicht, Lieblichkeit in deiner Rechten immerdar.*
Psalm 16,11

Denn aus **seiner Fülle** *haben wir alle empfangen, und zwar Gnade um Gnade.*
Johannes 1,16

Auszug und Einzug

Die Bibel berichtet uns ausführlich von der Wanderschaft des Volkes Israel. Interessant ist: Gott war immer dabei. Er führte und leitete sie bei ihrem Auszug aus Ägypten und bei ihrem Einzug ins Verheißene Land – bei ihrem Ausgang und bei ihrem Eingang. Sichtbar in der Wolkensäule am Tag und in der Feuersäule bei Nacht. Als es unterwegs zu Schwierigkeiten und Prüfungen kam, murrten sie und wollten nach Ägypten zurück. Sie wollten genau in das zurückkehren, was sie früher als so belastend, unterjochend und bedrängend empfunden hatten.

Auch wir erleben in unserem Leben Veränderungen, Wanderschaft und neue Situationen. Macht es dir Stress, das Alte loszulassen und in etwas Neues hineinzugehen? Manchmal machen uns Veränderungen in der Tat innerlich Druck. Wir wollen nicht kühn und begeistert in das Neue hineingehen, sondern uns ist eher bange und wir fragen uns, wie es wohl werden wird. Wir können es uns nicht so recht vorstellen. Alte Beziehungen, Umstände, Wohnorte sind uns vertraut. Und manchmal klammern wir uns an das Altvertraute, selbst wenn es nicht gut, sondern sogar bedrückend war oder uns gefangen hält.

Ich möchte dir Mut machen. Unterwegssein ist ein Teil unseres Lebens. Veränderung ist uns von Gott her ins Herz gelegt. Er möchte nicht, dass wir da stehen bleiben, wo wir sind. Er wird die Dinge für dich vorbereiten. Es gibt immer ein „Mehr" bei Gott! Wir sollten deshalb Veränderungen nicht ablehnen, sondern gemeinsam mit dem Herrn durch sie hindurchgehen. Erlaube den Zweifeln und Befürchtungen nicht, dass sie dich berauben. Klebe nicht in Gedanken an alten Dingen fest.

Das bremst dich aus, macht dich unbeweglich und du wirst nicht frei für das Neue, das Gott für dich hat. Erlaube den Zweifeln und Befürchtungen nicht, in deinem Denken und in deinem Herzen Raum einzunehmen und deine Zukunft zu verbauen.

Neues besitzt immer große Chancen und wird dich weiterbringen. Selbst wenn es einige Schwierigkeiten beim Hineingehen in das Neue geben sollte, du kannst sie mit Gott überwinden. Die gute Nachricht ist, dass du nicht alleine auf dem Weg bist. Der Herr hat versprochen, immer bei dir zu sein.

*Gesegnet wirst du sein bei deinem **Eingang**, und gesegnet wirst du sein bei deinem **Ausgang**.*
5.Mose 28,6

*Ich hebe meine Augen auf zu den Bergen. Woher wird meine Hilfe kommen? Meine Hilfe kommt vom HERRN, der Himmel und Erde gemacht hat. Er wird nicht zulassen, dass dein Fuß wanke. Dein Hüter schlummert nicht. Siehe, nicht schlummert und nicht schläft der Hüter Israels. Der HERR ist dein Hüter, der HERR ist dein Schatten über deiner rechten Hand. Am Tag wird die Sonne dich nicht stechen, der Mond nicht bei Nacht. Der HERR wird dich behüten vor allem Unheil, er wird dein Leben behüten. Der HERR wird deinen **Ausgang** und deinen **Eingang** behüten von nun an bis in Ewigkeit.*
Psalm 121,1-8

Scherbenhaufen?

Es gibt einen alten Königspalast, in dem eine der schönsten Mosaikarbeiten der ganzen Welt zu bewundern ist. Die Wände des Raumes reflektieren das Licht, alles glitzert und funkelt wie mit Tausenden von Diamanten besetzt. Es ist eine echte Touristenattraktion. Doch eigentlich waren für die Wände dieses Raumes ursprünglich große Spiegel vorgesehen gewesen. Aber als die zur damaligen Zeit überaus kostbaren Spiegel angeliefert wurden, stellte man fest, dass sie zerbrochen waren. Welch ein Schaden! Alles war kaputt und lag als nutzloser und wertloser Haufen zerbrochenen Spiegelglases da.

Doch da hatte der Architekt eine Idee. Er sah nicht nur die zerbrochenen Scherben, nein, in ihm lebte die Vorstellung, wie der Raum aussehen würde, wenn man diese Scherben bearbeiten und trotzdem an den Wänden befestigen würde. Ein gewagtes Unterfangen. Er beauftragte die Arbeiter und in schwieriger Kleinstarbeit begannen sie, die Scherben an den Wandflächen aneinanderzufügen. Als alles fertig war, hatte der Architekt hunderte von Lichtern anzünden lassen und alles erstrahlte in tausendfachem Funkeln und Glitzern. Er hatte aus dem, was aufgegeben und als Scherbenhaufen liegen gelassen worden war, etwas viel Besseres – ja, eine Kostbarkeit – geschaffen. Und seine Arbeit hatte sich mehr als gelohnt.

Vielleicht hast du das Gefühl, dass dein Leben wie ein Scherbenhaufen vor dir liegt. Du hast keine Hoffnung, dass daraus noch irgendetwas Brauchbares zu machen ist, du empfindest den Zerbruch als zu groß und schier irreparabel. Es scheint dir nur noch ein wertloser Haufen zu sein. Aber es gibt eine gute

Nachricht für dich: Gott, der beste und kreativste Architekt überhaupt, beabsichtigt, aus den zerbrochenen Teilen deines Lebens etwas Geniales, Großartiges und Neues zu gestalten; etwas Erlesenes zu formen, eine Kostbarkeit. Selbst wenn du es dir nicht vorstellen kannst – der Herr kann es und wenn du es zulässt, wird Er unverzüglich damit beginnen. Er kann aus dem Zerbruch deines Lebens etwas Herrliches und Einzigartiges machen!
Doch du musst es Ihm erlauben …

Demütigt euch nun unter die mächtige Hand Gottes, damit er **euch erhöhe zur rechten Zeit.**
1.Petrus 5,6

Ist Gott für uns, wer kann wider uns sein?
Römer 8,31

Der Feuerplatz

Du kennst das bestimmt: Wir sind begeistert mit dem Herrn unterwegs, alles ist super, wir stehen felsenfest im Glauben. Und wir sind sicher, dass uns nichts von Ihm trennen kann. Wir haben so viel mit Ihm an Siegen erlebt, dass wir davon lange zehren können.

Doch dann kommt eine unerwartete Herausforderung. Ein Anruf, eine Nachricht, eine Diagnose und plötzlich scheint alles ganz anders zu sein. Wir scheitern in der so fest gestandenen Glaubenspraxis unseres Alltags. Waren wir nicht so sicher gewesen, dass uns das niemals passieren würde, das Verleugnen unseres Glaubens und unserer Beziehung zum Herrn? Das Nicht-Standhaftsein in der Anfechtung? Das unüberwindbar scheinende Gefühl von Versagen und „Zuwenig" scheint allgegenwärtig zu sein. Der feind spart auch nicht mit Bedrängnis, Anklage und Vorwürfen. Deprimierend.

In der Bibel wird uns von Petrus berichtet. Er war kein einfacher Charakter, aber ein treuer Mann, der mit Jesus unterwegs war. Viel hat er mit dem Meister erlebt. Heilungen gesehen, Zeichen der Hoffnung und der Kraft Gottes, Wunder waren jeden Tag da. Unterweisung in den Dingen Gottes, über Sein Handeln mit den Menschen, Sein Wesen, Seinen Charakter, über die Bedeutung von Vaterschaft und Sohnschaft. Wir kennen seinen Treueschwur: „Ich gehe mit dir bis in den Tod!" Aber dann kam der eine besondere Tag am Feuerplatz im Hof des Hohenpriesters, der Tag, an dem Jesus festgenommen worden war. Petrus saß am Feuer, als die Magd ihn erkannte … und irgendwann krähte der Hahn, nachdem Petrus den Herrn dreimal verleugnet hatte.[23]

---

23 Lukas 22,54-62

Und der Herr wandte sich um und blickte Petrus an.
Lukas 22,61

Hast du schon einmal an einem derartigen Feuerplatz gestanden und bist dem Blick Jesu begegnet? Es gibt wohl nichts, was uns mehr erschüttern könnte. Doch wie es für Petrus Hoffnung gab, gibt es sie auch für uns. Im Johannes-Evangelium lesen wir, dass es einen weiteren, einen zweiten Feuerplatz für Petrus gab.[24] An diesem Feuerplatz fragt Jesus ihn:

Simon, Sohn des Johannes, hast du mich lieb? Petrus … sprach zu ihm: Herr, du weißt alles; du erkennst, dass ich dich lieb habe. Jesus spricht zu ihm: Weide meine Schafe!
Johannes 21,17

Und genauso wird es auch einen zweiten Feuerplatz in deinem Leben geben, wenn du versagt hast. Bei Jesus gibt es immer eine zweite Chance. Vertrau Ihm, Er wird dich neu berufen und beauftragen. Denn wenn wir versagen, gibt es einen Weg, den wir gehen sollten: Wir bekennen unsere Schuld, unser Versagen, unser Vergehen und wir bereuen es:

Wenn wir unsere Sünden bekennen, ist er treu und gerecht, dass er uns die Sünden vergibt und uns reinigt von jeder Ungerechtigkeit!
1. Johannes 1,9

Welch eine geniale Chance, wieder in die bereinigte Gegenwart und die liebevolle Beziehung mit Jesus zu kommen. Gott ist treu und gerecht, weil Er das tut, was Er zugesagt hat – auch in deinem Leben – gerade jetzt.

---

[24] Johannes 21,15-17

Zeichnen ohne Radiergummi

Mir fällt gerade eine Postkarte ein, die ich vor Kurzem bekam. Es waren viele bunte Zeichenstifte abgebildet und darüber stand: „Leben ist Zeichnen ohne Radiergummi".

„Das stimmt", dachte ich. Unser Leben hat viele Farben, viele Muster, viele Nuancen. Jeder Tag bekommt seine eigene Farbschattierung. Manches gefällt uns nicht – wir würden es am liebsten anders malen oder am besten einfach wegradieren. Manches war eigentlich anders gedacht und dann hat es sich eben so ergeben. Manchmal sind auch einfach die schwarzen und grauen Farbtöne zu dominant und es ist zu wenig Buntes zu sehen. Vielleicht haben wir auch den Eindruck, dass da jemand in unserem schönen Bild herumgekritzelt und es bewusst verunstaltet hat. Da würden wir schon manches Mal gerne den Radiergummi benutzen.

Unser Leben liegt in Gottes Hand – und genau da hat Er die Zeichenstifte in Seinen Händen … sofern wir sie Ihm überlassen und akzeptieren, dass Er das Bild unseres Lebens kreiert. Wenn wir sie Ihm übergeben, wird das Bild gut werden. Dann werden die Schattierungen dem Ganzen Tiefe, Form und Gestalt geben. Dann werden die dunklen Farben der Vergangenheit von vielen hellen Farben begleitet, weil Er sie durch Sein Licht leuchtend macht. Und du wirst sehen, es ist dein eigenes Bild, deine Farben, deine Gestaltung – dein Leben. Und das, was so schwer zu ertragen war, wird der Herr mit Seiner Gnade bedecken und es wird eine neue Tiefe des Reichtums in Ihm haben. Es muss nichts ausradiert werden.

Jesus sagt: „*Siehe, ich mache alles neu!*" Vielleicht gehört dazu, dass Er heute einen ganz neuen Farbton in dein Leben bringen möchte.

Und er wird jede Träne von ihren Augen abwischen, und der Tod wird nicht mehr sein, noch Trauer noch Geschrei noch Schmerz wird mehr sein; denn das Erste ist vergangen. Und der, welcher auf dem Thron saß, sprach: Siehe, **ich mache alles neu**.
Offenbarung 21,4-5

Eine morgendliche Überraschung

Ich denke, dass auch du das schon erlebt hast. Man steht morgens ganz normal auf – und dann kommt urplötzlich etwas Unerwartetes, Problematisches, Bedrohliches auf uns zu, in der Familie, am Arbeitsplatz, beim Arzt, im Verkehr … was es auch immer sein mag.

Dem Diener des Propheten Elisa ging es genauso. Was er eines Morgens unerwartet sah, erschütterte ihn bis ins Mark. Er war früh aufgestanden, hatte seine Handreichungen gemacht und plötzlich erwischte es ihn. Vielleicht war er vor die Tür getreten, vielleicht hatte er aus dem Fenster gesehen, als er plötzlich erstarrte. Er sah ein feindliches Heer, das die ganze Stadt umringt hatte. Die Übermacht war gigantisch. Sie saßen fest, es gab keinen Ausweg, es war unmöglich, diesem Feind zu entkommen.

Hastig rannte er zu Elisa, berichtete es ihm und hängte gleich die brennende Frage dran: „Was sollen wir jetzt tun?" Es war eine berechtigte Frage und er erwartete, dass Elisa eine Antwort haben würde. Und die hatte Elisa wirklich. Er sagte zu seinem Diener:

„Fürchte dich nicht! Denn zahlreicher sind die, die bei uns sind, als die, die bei ihnen sind!"

Und direkt im Anschluss bat er Gott:

„Herr, öffne doch seine Augen, dass er sieht!"
2. Könige 6,15-17

Der Herr beantwortete dieses Gebet unverzüglich und im gleichen Augenblick war es dem Diener möglich, in den übernatürlichen Bereich hineinzusehen, in die geistliche Dimension. Das natürliche, irdische feindliche Heer war von übernatürlichen, geistlichen feurigen Pferden und Kriegswagen Gottes umgeben. Durch das Gebet änderte sich dabei nichts am tatsächlichen, realen Zustand – lediglich die Fähigkeit des Dieners, geistliche Dinge wahrzunehmen, wurde ihm gegeben.

Der Herr will auch dir die Augen des Glaubens für Seine Hilfe öffnen, für Seine Strategie in deinen unerwarteten und bedrohlichen Situationen. Er will die Augen deines Herzens öffnen, um dir zu zeigen, welche Möglichkeiten Er hat. Er schenkte damals den Sieg – die Rettung aus der Bedrohung durch den so übermächtigen Feind – und Er wird das Gleiche für dich in deinem Leben tun. Egal, wie bedrohlich deine Situation jetzt aussieht, für dich gilt:

***Fürchte dich nicht!** Denn zahlreicher sind die, die bei uns sind, als die, die bei ihnen sind!*
2.Könige 6,16

Warum geschlossene Türen manchmal gut sind

Wir haben in unserem Leben immer wieder erlebt, dass Gott gut und genial führt. Das ging manchmal durch angenehmes, ruhiges Fahrwasser, aber mitunter auch durch wilde Strudel und Stromschnellen. Manche Tür schlug uns direkt vor der Nase zu, manchmal so heftig, dass wir verblüfft davorstanden – doch im Nachhinein konnten wir erkennen, dass Gott uns zwar anders als erwartet, aber viel besser geführt hat. Wir hatten Pläne gemacht, gebetet, liefen im Glauben los und erlebten dann dennoch, dass sich die Dinge anders entwickelten. Im Laufe der Zeit lernten wir immer mehr, nicht der Enttäuschung Raum zu geben, sondern stattdessen schnell Zuflucht beim Herrn zu nehmen und mit Ihm nach neuen, anderen, besseren, offenen Türen auszuschauen. Manchmal war es sehr gut, dass eine Tür fest verschlossen blieb. Im Nachhinein betrachtet war es ganz real der größere Segen.

Halte am Glauben fest, dass Gott etwas Gutes und sogar Besseres für dich hat, als du bisher gedacht und geplant hast. Sei gewiss: Er hat Wege, Kontakte, Versorgung, göttliche Zusammentreffen und Termine vorbereitet. Er macht die richtigen Türen zur richtigen Zeit auf. Auch wenn du es nicht siehst: Er wirkt „hinter den Kulissen" für dich. Vielleicht sind manche Dinge im Moment noch nicht für dich dran. Vielleicht würden sie zu viel Kraft und Aufmerksamkeit von dir fordern. Vielleicht würden sie in die falsche Richtung führen, oder du bist in einer bestimmten Sache noch nicht kampferprobt genug. Vertraue dem Herrn. Er wird es zu deinem Besten führen, wenn du Ihm folgst. Er hat dein ganzes Leben – und auch die richtigen Türen zum richtigen Zeitpunkt für dich – im Blick.

Erforsche mich, Gott, und … **leite mich auf dem ewigen Weg!**
Psalm 139,23-24

Sie durchzogen aber Phrygien und die galatische Landschaft, nachdem sie **von dem Heiligen Geist verhindert** *worden waren, das Wort in Asien zu reden; als sie aber in die Nähe von Mysien kamen, versuchten sie, nach Bithynien zu reisen, und* **der Geist Jesu erlaubte es ihnen nicht**.
Apostelgeschichte 16,6-7

Angst versus Glaube

In manchen Menschen tobt ein heftiger Kampf zwischen Angst und Glaube, zwischen lähmender Furcht und hoffnungsvollem Vertrauen. Die Freude fehlt, Zuversicht will sich nicht einstellen. Angst scheint den Glauben wie Unkraut zu überwuchern. Ein Kampf tobt in ihrem inneren Menschen und der Ausgang dieses Konfliktes bestimmt entscheidend mit, wie das Leben weiter verlaufen wird. Doch wie der Kampf ausgeht, hängt auch an ihren ureigenen, persönlichen Entscheidungen. Glauben sie Gott oder glauben sie den Einflüsterungen des feindes?

Wusstest du, dass Glaube das Gegenteil von Angst ist? Der feind benutzt Angst als ein Mittel, um uns zu kontrollieren, festzuhalten und zu unterjochen. Gott benutzt Glauben als ein Mittel, um uns frei zu machen, voranzubringen und zu segnen. Denn echter, lebendiger Glaube bringt uns in den Herrschaftsbereich Gottes – und damit in wirkliche Freiheit. Sei deshalb entschlossen, jede Form von Angst zu überwinden, damit sie keine Macht in deinem Leben ausüben und dich blockieren kann. Widersetze dich jedem aufkeimenden Gedanken, jedem Gefühl, das dich zu beschleichen versucht. Sich zu widersetzen ist mitunter schwere Arbeit, aber es lohnt sich. Mach dich auf den Weg, damit du in der Kraft Gottes deine Angst überwindest.

Wie geschieht das? Indem du im Glauben wächst und der Glaube immer mehr dein Denken bestimmt. Jesus gab Sein Versprechen, dass Er, der den Glauben begonnen hat, auch derjenige ist, der ihn vollenden wird.[25] Das Wort Gottes unterrichtet dich, welche wunderbaren Verheißungen dir geschenkt sind, doch du musst lernen, sie ganz real immer mehr für dich anzuwenden.

---
25 Hebräer 12,2

Sprich die Verheißungen der Bibel über deinem Leben aus. Gerade, wenn es um das Thema Angst geht.

Ich bin sicher: Je mehr du im Glauben wachsen wirst, desto mehr wird die Angst weichen.

Wer wird uns scheiden von der Liebe Christi? Bedrängnis oder **Angst** *oder Verfolgung oder Hungersnot oder Blöße oder Gefahr oder Schwert?*
Römer 8,35

Fürchte dich nicht, *denn ich bin mit dir!* **Habe keine Angst**, *denn ich bin dein Gott! Ich stärke dich, ja, ich helfe dir, ja, ich halte dich mit der Rechten meiner Gerechtigkeit.*
Jesaja 41,10

Fürchte dich nicht, *denn ich bin mit dir!*
Jesaja 43,5

Erschreckt nicht *und zittert nicht! Habe ich es dich nicht schon längst hören lassen und es dir verkündet? Und ihr seid meine Zeugen: Gibt es einen Gott außer mir? Es gibt keinen Fels, ich kenne keinen.*
Jesaja 44,8

Wer glaubt, wird **nicht ängstlich eilen**.
Jesaja 28,16

Sagt zu denen, die ein ängstliches Herz haben: Seid stark, **fürchtet euch nicht**! *Siehe, da ist euer Gott, Rache kommt, die Vergeltung Gottes! Er selbst kommt und wird euch retten.*
Jesaja 35,4

*Denn ihr habt nicht einen Geist der Knechtschaft empfangen, wieder zur **Furcht**, sondern einen Geist der Sohnschaft habt ihr empfangen, in dem wir rufen: Abba, Vater!*
Römer 8,15

*Denn Gott hat uns nicht einen Geist der **Furchtsamkeit** gegeben, sondern der Kraft und der Liebe und der Zucht.*
2. Timotheus 1,7

Das Bambus-Potenzial

Es hatte mächtig gestürmt. Ein richtig starker Sturm, vielleicht sogar in Orkanstärke, war über uns hinweggefegt. Immer wieder hört man ja von Stürmen, die über einen Landstrich zogen und dabei eine „Schneise der Verwüstung" hinterlassen haben. Dicke Baumstämme zerbrachen wie Streichhölzer und lagen wild durcheinander. Straßen und Eisenbahnlinien mussten gesperrt werden. Man weiß, es wird lange dauern, bis alles wieder repariert ist oder eine neue Pflanzung angelegt ist.

Ich habe gelesen, dass Bambus interessante Qualitätsmerkmale besitzt. In einem Sturm kann er sich bis auf Bodenhöhe biegen und dabei völlig flach legen. Auf Bildern kann man sehen, wie Bambus scheinbar wie abgemäht auf dem Boden liegt. Es sieht so aus, als ob diese teilweise sehr großen Pflanzen entwurzelt oder zerbrochen sind. Doch es dauert nicht lange und sie richten sich wieder auf. Ein Sturm kann sie nicht zerbrechen, sondern lediglich für eine kurze Zeit „flachlegen".

In unserem Leben gibt es auch Stürme. Und manches Mal fühlen sie sich wirklich dramatisch an. Sie rütteln an unserem Lebenshaus. Vielleicht sieht vieles zerbrochen, zerstört, verloren aus. Abgeknickt. Ausgerissen. Doch ist das wirklich so? Oder haben wir das „Bambus-Potenzial", dass wir uns wieder aufrichten können? Schaffen wir es, uns wieder zu erheben, wenn wir niedergedrückt auf dem Boden liegen? Was wir auf keinen Fall tun sollten, ist dem Geist der Verzagtheit, der Furcht, des Mangels, der Sorgen und der Frustration Raum zu geben … und auf dem Boden liegen zu bleiben.

Wenn der Sturm vorbei ist, ist es Zeit, wieder aufzustehen.

Paulus schreibt in seinen Briefen: „Steht fest!" Und genau das wollen wir tun. Lass dich heute ermutigen, wenn du dich in einem heftigen Sturm befindest, oder du den Eindruck hast, dass er soeben erst über dich hinweggefegt ist. Es gibt Hoffnung beim Herrn! Er richtet dich wieder auf! Genau wie den Bambus. Und du wirst sehen, dass deine Story noch nicht zu Ende ist. Du kannst dich erheben und wieder ganz neu starten.

Wandelt nur würdig des Evangeliums des Christus, damit ich, sei es, dass ich komme und euch sehe oder abwesend bin, von euch höre, dass ihr **fest steht** *in einem Geist und mit einer Seele zusammen für den Glauben des Evangeliums kämpft.*
Philipper 1,27

Also nun, Brüder, **steht fest** *und haltet die Überlieferungen, die ihr gelehrt worden seid, sei es durch Wort oder durch unseren Brief.*
2. Thessalonicher 2,15

Wachet, **steht fest** *im Glauben; seid mannhaft, seid stark!*
1. Korinther 16,13

Was rede ich da eigentlich?

Eine meiner großen Überzeugungen ist, dass es außerordentlich wichtig ist, was wir über Situationen, über Umstände, über unser Leben aussprechen. Wie wir denken, so reden wir und dementsprechend werden wir auch handeln. Worte haben eine schöpferische Kraft, im Guten wie im Schlechten. Worte „machen" etwas mit uns und mit anderen. Worte können vernichtend sein und aufbauend. Es ist ganz wichtig, dass wir uns darin selbst schulen, was wir reden.

Eines Tages lauschte ich in einer bestimmten Sache einmal meinem eigenen Reden. Ich war überrascht. Was sagte ich da eigentlich? Das hörte sich ja gar nicht gut an ...

Es waren Dinge geschehen, die ich mir nicht so vorgestellt, nicht so erwartet und nicht so gewünscht hatte. Schwierigkeiten waren aufgetreten und irgendwie konnte ich diese Situation nicht einfach so „wegstecken". Ich ärgerte mich, war frustriert und ließ jeden Anteil an meiner schlechten Laune haben. Jeder in meiner Nähe bekam die unfreundlichen und destruktiven Worte zu hören. Ich nörgelte und schimpfte darüber in einer Weise, von der ich plötzlich erkannte, dass sie nicht gut war und die Atmosphäre in meiner Nähe negativ veränderte. Und das Schlimme war eigentlich, dass sich die Situation durch dieses Reden ja in keiner Weise zum Besseren veränderte, eher im Gegenteil. Ich verbaute mir gerade meine Fähigkeit, über gute und kreative Lösungen nachzudenken.

Eigentlich hatte ich die Führung des Herrn in einer besonderen Herausforderung in Frage gestellt. Mein negatives Reden war zu einer Untergrabung Seines Willens und meines Vertrauens in Seine Führung geworden. Es war der blanke Kleinglaube, den ich proklamierte. Dann wurde mir bewusst, dass ich die Entscheidung treffen musste, dass damit Schluss sei. Sofort aufhören! Jetzt! Und ich beschloss, unverzüglich Raum für Gottes Reden zu machen und meine Gedanken neu auf Ihn auszurichten!

Wenn du in einer ähnlichen Situation hin und her gerissen bist, dann lass dich fragen, was du im Reden über dich und deine Situation aussprichst? Gib dem feind keine Ehre, indem du Negatives, Blockierendes, Hoffnungsloses sagst. Es sind Proklamationen – und sie haben das Potenzial, sich exakt so zu erfüllen. Es wird dir nicht besser gehen, wenn du negativ redest – ganz im Gegenteil. Lass dich mit einem neuen Blick auf Jesus mit neuer Dankbarkeit erfüllen und gib Gott die Ehre. Nur das wird die Dinge verändern.

Nehmt Worte mit euch und kehrt zum HERRN um*! Sagt zu ihm: Vergib alle Schuld und nimm an, was gut ist! Wir wollen die Frucht unserer Lippen als Opfer darbringen.*
Hosea 14,3

Denn gut ist der HERR. Seine Gnade ist ewig und seine Treue von Generation zu Generation.
Psalm 100,5

Denn mächtig über uns ist seine Gnade! Die Treue des HERRN währt ewig! Halleluja!
Psalm 117,2

Hast du vorgesorgt?

Ein Leuchtturmwärter, der in einer sehr gefährlichen Küstenregion arbeitete, bekam neues Öl für das Signalfeuer seines Leuchtturmes geliefert. Das Wetter war ausgesprochen gut, keine Wolke war am Himmel zu entdecken und seit Langem war kein Sturm in Sicht gewesen. So verschenkte und verschleuderte der Wärter den Öl-Vorrat großzügig, bis irgendwann nichts mehr da war. Er brauchte es ja nicht. Doch dann zogen dunkle Wolken auf. Wind und Sturmböen peitschten die Wellen auf und das Unwetter nahm seinen Lauf. Dringend wurde nun das kostbare Öl für die Lampen des Leuchtturms gebraucht. Aber der Wärter hatte keins mehr. Alles war weggegeben und er besaß keinerlei Vorrat mehr …

Denkst du, das ist eine ziemlich unwahrscheinliche Geschichte? Im Matthäus-Evangelium wird uns etwas ganz Ähnliches berichtet. Zehn Jungfrauen nahmen ihre Öllampen, um den Bräutigam zu empfangen. Als es aber dauerte und spät wurde, schliefen sie ein. Und dann kam er doch, der Bräutigam. Die Jungfrauen schreckten hoch und nahmen ihre Lampen, um sich auf den Weg zu machen. Da stellten fünf von ihnen fest, dass sie kein Öl mehr hatten. Sie sagten zu den anderen: „Könnt ihr uns nicht schnell etwas abgeben?" Und dann kam die Antwort: „Nein, denn dann reicht es weder für uns noch für euch! Kauft für euch selbst!"

Und diese Aussage gilt bis heute: Kaufe für dich selbst!

Du musst selbst das „Öl" für dich kaufen. Niemand anderes kann für dich glauben, für dich die leise Stimme des Herrn in deinem Herzen hören, für dich den Heiligen Geist empfangen. Niemand anderes kann Jesus in dein Leben einladen – es ist allein deine Entscheidung. Niemand kann vor Gott deinen Platz einnehmen – du musst Ihm ganz allein entgegengehen und es kommt der Tag, an dem du einmal ganz allein vor Ihm stehen wirst.

Das heißt auch, dass du für dich in Seinem Wort lesen und studieren solltest, dass du aus deiner Komfort-Zone heraustrittst und anfängst, dich auf den Weg mit Gott zu machen. Lerne Ihn immer mehr kennen. Sprich mit Ihm – Er hört dich, Er hört dir zu. Er will dir ein erfülltes Leben unter Seiner Herrschaft geben. Geh nicht fahrlässig mit den Dingen um, die der Herr dir in deinem Leben schenkt. Gebrauche sie, aber lass dich immer wieder von Ihm auffüllen. Nur so kannst du für dich und die anderen „Öl" haben. Nur so wirst du auch die Freude und Erfüllung in deinem Leben haben.

Öl ist in der Bibel immer ein Bild für den Heiligen Geist. Wenn du ein Kind Gottes bist, Jesus dein Leben gegeben hast, dann ist der Heilige Geist in dein Herz ausgegossen. Jesus hat nichts zurückbehalten, Er hat dir alles geschenkt, damit du wirklich erfüllt leben kannst. Er hat dich mit Seinem Blut erkauft, gereinigt und erlöst – und Er erfüllt und beschenkt dich mit dem Öl Seines Heiligen Geistes.

Ein begehrenswerter Schatz und Öl ist an der Wohnstätte des Weisen, ein törichter Mensch aber verschlingt es.
Sprüche 21,20

Heute ist die Zeit, wenn du seine Stimme hörst, verstocke dein Herz nicht.
Hebräer 4,7

Kampf und fette Beute

Mein Arbeitstag hatte früh begonnen und schon am späten Vormittag hatte ich das Gefühl, für den Rest des Tages „ausgelastet" zu sein. Es war alles so hektisch gewesen, so anstrengend und zum Bibellesen war ich auch nicht gekommen. Dabei würde mir gerade jetzt ein richtig ermutigender Zuspruch gut tun. Jeder kennt diesen täglichen Kampf ums Bibellesen. Wir alle wissen, dass es die Nahrung für unser Herz ist, aber …

Nun, das wollte ich ändern – und zwar jetzt gleich. Ich schlug meine Bibel auf der Suche nach einem ermutigenden Wort auf. Nach einigem Blättern und Lesen fiel mein Blick auf folgende Stelle:

Und nun, es hat dir gefallen, das Haus deines Knechtes zu segnen, dass es ewig vor dir sei; denn du, HERR, hast es gesegnet, und es wird gesegnet sein für ewig.
1.Chronik 17,27

Das war das Gebet, das David für sich und sein Haus betete. Es gefiel mir richtig gut. Das ist genau das, was ich heute brauche. Segen über mein ganzes Haus. Segen für mich, meinen Mann, meine Kids – einfach: mein ganzes Haus! Und dieser Segen sollte Ewigkeitsbestand haben. Das war echt gut. Super! Da konnte ich mich zurücklehnen, denn der Herr würde ja alles schon „machen"!

Getrost und ermutigt wollte ich mit dankbarem Herzen nun meine Bibel schließen, um mich dem Rest des Tages zu widmen. Ich legte ein Lesezeichen in die Seite, für alle Fälle, falls ich an diesem Tag noch einmal einen kleinen Nachschlag davon brauchen würde. Doch gerade da fiel mein Blick auf die Nachbarseite, wo mir folgendes ins Auge sprang:

Und wieder gab es einen Kampf …!
1. Chronik 20,5

Oh! Das klang allerdings völlig anders. Und ist das nicht genau unser Alltag? So gern würden wir uns immer nur im Segen baden, so richtig als Wellness für Herz und Seele. Und doch geht es auch um Kampf, um die Waffenrüstung des Kämpfers, um Feinde und den Sieg über sie. Es geht ums Kämpfen, ums Stehenbleiben und ums Überwinden. Denn Gott schaut aus nach Überwindern.

Während ich mit meiner Bibel so dasaß und meine Gedanken langsam in eine ganz andere Richtung als den so freudig empfangenen Wellness-Segenszuspruch spazierten, fiel mir eine meiner Lieblingsgeschichten aus dem Alten Testament ein. Es ist der Bericht von Joschafat aus 2. Chronik 20. In vielen meiner Lebenssituationen habe ich diese Begebenheit gelesen und sie hat mich immer wieder ermutigt. Wie oft habe ich mit dem Herrn darüber gesprochen und mich danach ausgestreckt, dass Er mir Sein Wort in der jeweiligen Situation ganz neu aufschließt.

Und dann erinnerte ich mich an eine besondere Nacht, eine derartige „es-gab-wieder-einen-Kampf-Nacht" die mir echt zu lange, zu dunkel und zu heftig wurde. An Schlaf war nicht zu denken. Langsam spürte ich jeden Knochen, ganz egal, wie ich mich auch drehte. Ich stand auf, legte mich wieder hin – nichts zu machen. Eigentlich hatte alles mit einem einzigen, kurzen

Gedanken angefangen, aus dem heraus sich ein Kettenglied an das andere fügte. Mit einem einzigen Gedanken fängt eigentlich immer alles an. Unsere Gedanken bestimmen unsere Herzenshaltung, bestimmen, was wir empfinden und wie wir entscheiden. Und eben auch, ob wir schlafen oder nicht. Ich hatte in dieser Nacht über die Lebenssituationen unserer Kinder nachgedacht. Sie waren und sind bis heute heftigen Attacken ausgesetzt und wirklich hart umkämpft. Da sind Krankheiten, körperliche Probleme, ungute Entwicklungen, Wege, die eingeschlagen wurden, die uns nicht gefallen … Ein Gedanke kam zum anderen und mit ihnen diese Gefühle von Ohnmacht und Handlungsunfähigkeit. Bald hatte ich das Empfinden, dass da eine Kette wie eine Fessel um mich gelegt wurde, die mich binden und schier erdrücken sollte. Ich fand einfach keinen Anfang, wo ich mich hätte befreien können, sie wurde immer stärker. Gleichzeitig wurde auch der Kampf in meinen Gedanken heftiger. Szenen kamen vor meine inneren Augen, die mich völlig deprimierten, auch wenn sie eigentlich nur „gedacht" waren. Jedes Glied dieser Kette schien einen Aufdruck zu tragen, auf dem stand: „Unmöglich!"

Unsere Gedanken sind der strategisch wichtigste Kampfplatz des feindes. Das erste und wichtigste Ziel des feindes ist, uns zu verwirren. Plötzlich weiß man nicht mehr, wie man denken und handeln soll, alles scheint irgendwie verworren zu sein. Dann kommt er mit Mutlosigkeit, Furcht und Schwäche, um uns matt zu setzen. Er will, dass wir das „unmöglich", das er uns entgegenschleudert, glauben. Letztlich kann es so weit gehen, dass er uns in völlig depressives Denken hineinbringt. Sein Ziel ist es, uns zu „verschlingen".[26]

---

26 1.Petrus 5,8

Natürlich waren die Umstände und Probleme ganz real und in der Tat herausfordernd. Sie waren nicht mal eben schnell und instantmäßig vom Tisch zu räumen. Sie waren im Natürlichen unüberwindbar, doch Gott will übernatürlich in unsere natürlichen Leben eingreifen. Er kann ausnahmslos alles verändern. Für Ihn gibt es kein „unmöglich". Mitten in meinem bedrängenden Gedankenkampf rief ich deshalb zum Herrn und bat Ihn um ein Wort. Er ließ mir ein Wort aus eben dieser Geschichte Joschafats in meinen Sinn kommen, ein Wort, das die Gedankenkette unterbrach:

Denn in uns ist keine Kraft vor dieser großen Menge, die gegen uns kommt. Wir erkennen nicht, was wir tun sollen, sondern **auf dich sind unsere Augen gerichtet**.
2.Chronik 20,12

Der Vers tröstete mich in jener Nacht. Auch wenn ich keine Lösung hatte, Er hatte sie. „Aber auf dich sind meine Augen gerichtet!" Glaube stellte sich ganz neu in den Mittelpunkt meines Denkens. Eine Bibelübersetzung bezeichnet „Glauben haben" als „das Stützen meiner ganzen Persönlichkeit auf Gott, in vollkommenem Vertrauen und in Zuversicht auf Seine Kraft, Seine Weisheit und Seine Güte".

Zwei Dinge an Joschafat gefielen Gott: Er hatte die fremden Götter aus dem Land geschafft und er hatte sein Herz darauf gerichtet, Gott zu suchen.[27]

Und er ging auf dem Weg seines Vaters Asa und wich nicht davon ab, indem er tat, was recht war in den Augen des Herrn.
2.Chronik 20,32

---

27 2.Chronik 19,3

Der feind kam, heftig, bedrohlich und übermächtig. Joschafat hatte Angst. Angst leitet fast automatisch unseren Blick auf das Unmögliche. Der feind versucht, Angst sehr effektiv zu gebrauchen, um uns zu lähmen. Aber Joschafat kannte seinen Gott. Er tat das Richtige. Er kannte seine menschlichen Begrenzungen und wandte sich an den, der alle Gewalt im Himmel und auf Erden besitzt:

In deiner Hand ist Kraft und Macht; und niemand kann gegen dich bestehen … Wenn Unglück über uns kommt … und wir treten vor dieses Haus und vor dich … und schreien zu dir um Hilfe aus unserer Bedrängnis, dann wirst du hören und retten.
2.Chronik 20,6-9

Genauso wusste auch ich, dass mein Gebet immer nur einen Atemzug von Gott entfernt ist. Wir durchlebten und durchlitten in unserem Leben manche Krisen. Unsere drei Kinder waren mehrmals lebensbedrohlich gefährdet, ein Existenzverlust war nicht abzuwenden, es kam zu sonderbaren Unfällen und vielem mehr. Oft wussten wir nicht, was wir tun sollten. Menschliche Lösungen gab es nicht. Ein Ausweg war nicht zu finden. Das Einzige, auf das wir uns immer stützen konnten, war das Vertrauen auf Gott und die tiefe Herzensüberzeugung, dass Er handeln würde.

Ich bin überzeugt, dass der Heilige Geist mir in jener Nacht den Vers aus dem Wort Gottes vermittelt hatte. Wir brauchen dringend in unserem Leben diese „Heiliger-Geist-Gedankenstopps", um siegreich leben zu können.

Wie sah nun die Lösung bei König Joschafat aus? Gott wirkte durch Seinen Heiligen Geist und schenkte eine glasklare prophetische Instruktion.[28] Der Helfer, der Tröster, der wunderbare Ratgeber lebt in uns und ist bereit, uns zu helfen. Joschafat sollte ganz gezielt die Waffe des Lobpreises einsetzen:

Und er beriet sich mit dem Volk und stellte Sänger für den HERRN auf, die Loblieder sangen in heiligem Schmuck, indem sie vor den zum Kampf Gerüsteten auszogen und sprachen: Preist den HERRN, denn seine Gnade währt ewig! Und zu der Zeit, da sie mit Jubel und Lobgesang anfingen, legte der HERR einen Hinterhalt gegen die ..., die gegen Juda gekommen waren; und sie wurden geschlagen.
2. Chronik 20,21-22

Du weißt, wie schwer es ist, den Herrn inmitten bedrängender Situationen und Attacken zu loben, Ihm zu danken und Ihn zu ehren, stimmts? Du stehst mittendrin, kein Ausweg, nur Bedrängnis, Angst, Probleme. Überall um dich herum: „Unmöglich!" Preise den Herrn, auch dann, wenn du noch nichts vom Sieg siehst. Das meint der Philipperbrief, wenn er sagt, dass wir mit Flehen und Danksagung vor Gott kommen sollen. Da ist ja noch gar nichts an positivem Ergebnis zu sehen. Da ist ein fester Entschluss notwendig – der im wahrsten Sinne des Wortes die „Not wendet". Der Entschluss lautet: „Ich preise meinen Gott ... und zwar jetzt!"

Und ganz Juda und die Bewohner von Jerusalem fielen nieder vor dem HERRN, um den HERRN anzubeten.
2. Chronik 20,18

Das Genialste ist, dass das Volk noch nicht einmal einen Finger rühren musste noch irgendeinem Feind überhaupt Auge in Auge gegenüberstand. Als sie sich dem Schlachtfeld näherten,

---

[28] 2. Chronik 20,14-17

sahen sie, dass alle Gegner vernichtet waren, niemand war entkommen, genauso, wie es der Heilige Geist angekündigt hatte. Er hatte ihnen Trost in ihre Herzen gegeben:

Nicht ihr werdet dabei kämpfen müssen. Tretet hin, steht und seht die Rettung des HERRN, die er euch verschafft, Juda und Jerusalem! Fürchtet euch nicht und seid nicht niedergeschlagen! Zieht ihnen morgen entgegen, und der HERR wird mit euch sein!
2. Chronik 20,17

Und dann erlebten sie nicht nur einen mächtigen Sieg, sondern machten auch noch überaus fette Beute! Drei volle Tage brauchten sie, um die Beute einzusammeln, die der Herr ihnen – aus der Hand ihrer Feinde – zukommen ließ. Ich bin mir sicher, dass es genau das ist, was der Herr auch für uns als Seine Kinder tun will und tun wird.

Vielleicht siehst du dich noch nicht beim Einsammeln deiner Beute, vielleicht bist du noch mitten in der Bedrängnis oder du bist gerade dabei, für den Kampf ausgerüstet zu werden oder du hast dich gerade erst auf den Weg gemacht, dem feind mit Lobpreis entgegenzuziehen. Egal: Der Sieg gehört dir, denn „der HERR wird mit euch – mit dir – sein"!

In jener dunklen Nacht des „Schon-wieder-Kämpfens" fiel die Kette von mir ab, als ich an den Herrn und Seine Kraft erinnert wurde und im Glauben gegen Beklemmung und Bedrückung innerlich aufstand. Ich hatte Gott an meiner Seite. Ich wusste, dass Er Sein Versprechen einhalten und mir mit meinen Kids, in unserer Familie, und in vielen anderen Bereichen „fette Beute" geben würde.

Und während ich mit meiner immer noch halbgeöffneten Bibel so dasaß, wusste ich, dass Kampf und Segen im Leben eines Gläubigen zusammengehören. Ohne Kampf kein Sieg. Aber wenn wir mit dem Herrn an unserer Seite den Kampf aufnehmen, auf Seinen Wegen bleiben, weitergehen, Ihn loben, auch wenn die Situationen nicht nach „Segen" aussehen, dann warten Sieg und Beute auf uns.
So lass dich ermutigen! Und gehe weiter auf Seinen Wegen.

Glaubt** an den HERRN, euren Gott, **dann werdet ihr bestehen! Glaubt** seinen Propheten, **dann wird es euch gelingen!
2. Chronik 20,20

Er hält an dir fest

Wenn wir den Namen Petrus hören, fallen uns sogleich die Charakterzüge des Mannes ein, der so eng mit Jesus lebte. Seine Ungeduld. Seine lockere Zunge, dass er schneller redete, als er dachte. Dass er Jesus verleugnete und im Stich ließ usw. Das stimmt natürlich, doch das Leben von Petrus soll uns mehr erzählen.

„Komm, folge mir nach", sagte Jesus zu ihm und Petrus tat es sofort, ohne zu zögern, ohne zu argumentieren, ohne zu berechnen, was er dann „verdienen" würde. Er überlegte nicht, was er denn dann alles nicht mehr tun dürfte, sondern hörte den Ruf und folgte kompromisslos, jetzt, hier und heute.

Jesus war es, der ihn zum Glauben rief und Er war es auch, der das Glaubenswachstum in Petrus vollendete. Jesus ist der Anfänger und Vollender des Glaubens. Und das, was Er für Petrus tat, wird Er auch für dich tun, wenn du Ihm nachfolgst. Selbst dann, wenn dein Charakter noch nicht so ist, wie du denkst, dass er sein sollte. Er wird sein begonnenes Werk in dir vollenden:

… indem wir hinschauen auf Jesus, den Anfänger und Vollender des Glaubens …
Hebräer 12,2

Widerstandsbewegung

Manchmal helfen mir ganz einfache Dinge des Alltages, geistliche Dinge besser zu verstehen. So ging es mir, als ich nach einem Kuchenrezept sah und mir überlegte, dass das Ergebnis, wenn ich bei einem Rezept auf gewisse Zutaten verzichte, weder schmackhaft noch gutaussehend sein wird. Man sollte sich wirklich an das Rezept halten. Es sind mehr als nur Vorschläge, es sind erprobte Anweisungen, die zu einem bestimmten Ziel führen. Je genauer ich mich daran halte, desto besser wird mit großer Wahrscheinlichkeit das Ergebnis werden. Würde ich beispielsweise die Backzeit ignorieren und den Kuchen auf höchster Stufe doppelt so lang backen, kann man davon ausgehen, dass ich eher Grillkohle produzieren würde.

Das ist mir für bestimmte Anweisungen und Verordnungen, die uns die Bibel anbietet, zu einem Beispiel geworden. Immer wieder werden wir von negativen Gedanken und in der Folge auch von negativem Reden belagert. Es sind Attacken des feindes auf unseren Glauben, unsere Beziehung zu Jesus und vieles mehr. Er setzt alles daran, dass wir uns von Gott abwenden und Dinge sagen wie beispielsweise: „Das Beten hat ja doch nichts gebracht!" oder „Gott ist nicht vertrauenswürdig, sonst hätte sich in meinem Leben schon längst etwas geändert!"

Jakobus gibt uns ein äußerst kurzes, effektives und wirkungsvolles Rezept, wie wir diesen Attacken ganz praktisch entgegentreten können:

Unterwerft euch nun Gott! **Widersteht** *aber dem teufel! Und er wird von euch fliehen.*
Jakobus 4,7

1. Unterwerft euch nun Gott!

Das hört sich für viele Menschen negativ an. Dennoch liegt gerade darin die Freiheit für uns. Eine andere Bibelübersetzung schreibt: *„Deshalb, ordnet euren Willen Gott unter!"* Das ist die Voraussetzung. Damit ist nicht gemeint, dass wir in einer uns selbst herabsetzenden Haltung stehen, sondern im Vertrauen auf Gott unsere Entscheidungen treffen. Das ist die Haltung, in der wir die weiteren Schritte angehen. Wir unterstellen unser Denken und Wollen dem Herrn, wir sagen „Ja" zu Gott, wir beherzigen Seinen Willen für unser Leben, wir nehmen Ihn und Seinen Willen für uns an.

2. Widersteht aber dem teufel!

Das ist der nächste Schritt des Rezeptes. Wir werden ihm nur widerstehen können, wenn wir in der Macht und Stärke Gottes und in dem mächtigen Namen Jesu handeln. Wir müssen dem feind Einhalt gebieten, ihm Land wegnehmen, das Wort Gottes mit unserem Mund proklamieren. Hier tun sich manche gläubigen Menschen schwer. Sie sagen, Gott wüsste doch schon, was jetzt richtig ist.

Ich möchte dir sagen, lass dir nicht vom feind den Mund zuhalten. Es ist Kraft in den Worten, die du sprichst. Das Wort Gottes trägt in sich einen Samen, der Wunder hervorbringt und du verbindest dich in deinen Worten mit Ihm. Sein Wort kommt nicht leer zurück, sondern wird bewirken, was dem Herrn gefällt, und ausführen, wozu er es gesandt hat.[29]

3. Und er wird von euch fliehen!

Das ist die Verheißung, das Ergebnis, der dritte Schritt. Es liegt darin eine regelrechte Zwangsläufigkeit. Wenn der feind uns auf einem Weg attackiert hat, so muss er auf sieben Wegen fliehen,

---
[29] Jesaja 55,10

so sagt es das Alte Testament.[30] Je mehr wir diesem Rezept folgen, desto mehr wird Glaube in uns Raum gewinnen!

Ich dachte diesbezüglich über das Wort „widerstehen" nach. Eigentlich befinden wir als Christen uns ja geradezu in einer „Widerstandsbewegung". In einer solchen Bewegung sind Menschen vereinigt, die bereit sind, für ihre persönliche Überzeugung in den offenen Widerstand zu gehen. Es hat sie zu allen Zeiten gegeben und oft haben sie Neues hervorgebracht.
Das Wort „Widerstandsbewegung" bedeutet: „Eine Bewegung, die den Kampf gegen ein unrechtmäßiges, unterdrückerisches Regime führt und den Widerstand organisiert".

Menschen, die ihr Leben Jesus gegeben haben und aktiv im Glauben vorangehen, sind Widerstandskämpfer. Sie stehen persönlich für das Reich Gottes ein und stellen sich gegen die unrechtmäßigen, unterdrückerischen Aktivitäten des teufels.

Mir fiel dazu die Geschichte von Elia ein. Nach einem großen Sieg über die Macht der Finsternis bedrohte Isebel ihn. Und Elia reagierte mit Angst. Er sah plötzlich keine Perspektive mehr und flüchtete regelrecht. Der große Widerstandskämpfer verpasste an dieser Stelle, wieder erneut in den Widerstand zu gehen. Es war, als ob er geradezu überrumpelt worden wäre. Wie reagieren wir auf die Bedrohung des feindes? Gerade dann, wenn wir mit dem Herrn Siege erlebt haben? Mit Angst, Rückzug, deprimierten Gedanken, mit Aufgeben? Gott forderte Elia durch einen Engel auf, aufzustehen und sich zu stärken, um weitergehen zu können:

… ein Engel rührte ihn an und sprach zu ihm: Steh auf, iss!
1. Könige 19,5

---

30 5. Mose 28,7

Das ist die beste Reaktion. Stehe auf und stärke dich an den Zusagen und Verheißungen Gottes … und geh wieder entschlossen in den Widerstand gegen die Machenschaften des teufels in deinem Leben, deiner Familie, deiner Gemeinde, deinem Umfeld, deinem Land. Beachte das Rezept und die gegebene Reihenfolge und du wirst es leichter auf deinem Weg haben.

Deshalb ergreift die ganze Waffenrüstung Gottes, damit ihr an dem bösen Tag **widerstehen** *und, wenn ihr alles ausgerichtet habt, stehen bleiben könnt!*
Epheser 6,13

Seid nüchtern, wacht! Euer Widersacher, der Teufel, geht umher wie ein brüllender Löwe und sucht, wen er verschlingen kann. Dem **widersteht** *standhaft durch den Glauben.*
1.Petrus 5,8-9

Gebt dem teufel **keinen Raum**!
Epheser 4,27

An den Herrn hängen

In der Heiligen Schrift lesen wir von der Abschiedsrede, mit der sich Josua vor seinem Tod noch ein letztes Mal an sein Volk Israel wandte. Dieser letzte Aufruf des großen Mannes Gottes berührte mich tief, als ich mich – einmal mehr – in einer Phase schwieriger Herausforderungen befand.

Denn wenn wir in Bedrängnis kommen, sind sehr schnell Gedanken da, dass Gott ja doch nicht helfen wird, dass man sich auf Sein Eingreifen nicht zu sehr verlassen sollte, dass es keinen Durchbruch geben wird, dass man ja doch selber zusehen muss, wie es weitergeht, dass man sich andere Lösungen einfallen lassen sollte usw. Ich denke, jeder von uns kennt diese Gedanken, die anscheinend nur darauf lauern, uns in derartigen Situationen geradezu mit Negativem und Zweifeln zu überschwemmen.

Es stimmt, zu Josuas Zeiten gab es gewaltige Festungen mit starken Mauern in dem Land, das der Herr für Sein Volk vorgesehen hatte. Es gab Gegner, Feinde, Widersacher, die das Land, das ihnen versprochen war, noch besetzt hielten und es auch nicht so leicht loslassen wollten. Es gab Stress, Herausforderungen, Kampf. Doch der Herr war immer an ihrer Seite:

Denn der Herr, euer Gott ist es, der für euch gekämpft hat!
Josua 23,3

Genau das Gleiche gilt auch für dich und mich. Es gibt starke Gegner, es gibt Festungen – wie auch immer sie aussehen mögen – die das „Land", das Gott dir persönlich zugesagt hat, noch besetzt halten. Es gibt Widerstand. Doch der Herr will, dass du vorangehst und dein Land ganz real einnimmst. Er will für dich kämpfen ... aber dazu musst du losgehen. Wenn du in deiner Wüste, deinen alten Wegen, deiner bequemen Komfortzone sitzenbleibst, wird gar nichts geschehen. Geh voran und der Herr ist mit dir. Bleib sitzen und gar nichts passiert.

Ich bin mir sicher, dass der Herr uns in unserem Leben oftmals Lösungen, Bewahrung, Schutz und Hilfe schenkt – und wir es häufig noch nicht einmal bemerken. Das, was Josua zum Volk sagte, gilt auch für uns: Er wird unsere Feinde vor uns ausstoßen und vor uns vertreiben, und wir werden dieses Land in Besitz nehmen![31] Deshalb ist es von allergrößter Wichtigkeit, sich an Ihn anzuklammern, Ihn nicht loszulassen und in Ihm zu bleiben:

*Dem Herrn, eurem Gott, sollt ihr **anhängen**.*
Josua 23,3

Denn wenn wir gehen, geht Er voran, wir schauen auf Ihn und Er wird uns Schritt für Schritt die Strategien geben, wie wir unser ganz persönliches verheißenes Land einnehmen können.

*Ein Mann von euch jagt tausend. Denn der HERR, **euer Gott, er ist es, der für euch kämpft**, wie er zu euch geredet hat. So achtet um eures Lebens willen genau darauf, den HERRN, euren Gott, zu lieben!*
Josua 23,10-11

---

[31] nach Josua 23,5

Die Sache mit der Wüste

In Nehemia 9 finden wir eine kurze Zusammenfassung der Wüstenwanderung des Volkes Israels nach dem Auszug aus Ägypten. Was darin deutlich zum Ausdruck kommt ist, dass die prophetische Zusage und das Ziel der ganzen Wanderung darin lagen, in ein Land zu kommen, in dem Milch und Honig fließen würden. Doch der Ist-Zustand sah völlig anders aus, denn das Volk befand sich mitten in einer unwegsamen Wüste. Von den verheißenen Dingen, inklusive Milch und Honig, war nichts zu sehen. Sie waren noch nicht da, wo sie eigentlich hinwollten, aber sie waren unterwegs. Dieses Unterwegssein fühlte sich ganz anders an, schmeckte ganz anders und war schlichtweg auch anders, als sie es erhofft und erwartet hatten. Aber es war der Weg, den sie gehen mussten, um genau dorthin zu kommen. Der Weg ins Verheißene Land war ein Weg, der durch die Wüste führte.

Dennoch erlebten die Kinder Israels dort – umgeben von Ödnis und Wüste – täglich neu den Schutz, die Versorgung und die Sicherheit Gottes. Und das war etwas, was sie häufig nicht realisierten und würdigten.

Bist auch du zu deinem „Land der Verheißung" unterwegs? Befindest auch du dich in einer Wüstensituation? Dann gilt auch für dich, dass der Herr in deinem Leben dein Versorger ist, deine Sicherheit, dein Schutz. Es ist gut, wenn du dir dessen bewusst bist, es würdigst und dem Herrn dafür dankst – auch wenn du noch nicht am Ziel angekommen bist, zu dem du eigentlich unterwegs bist.

Im Text in Nehemia 9 heißt es unter anderem über diese besondere Wüstenzeit:

- Vers 13: Gott gab ihnen klare Rechtsbestimmungen.
- Vers 17: Er gab große Gnade.
- Vers 19: Er gab große Erbarmungen und die Zusage, dass Er sie nicht verlassen würde.
- Vers 20: Er versprach ihnen Seinen Geist zu geben, um sie zu unterweisen.
- Vers 21: Sein Volk entbehrte nichts.
- Vers 30: Er versorgte sie mit Wasser und hatte Geduld mit ihnen.
- Vers 32: Er bewahrte den Bund, den Er mit ihnen geschlossen hatte.
- Vers 33: Er bewies Seine Treue.

Wenn du mit dem Herrn unterwegs bist, um das zu empfangen, was Er dir verheißen hat, dann gilt all dies auch für dein Leben heute. Ja, vielmehr noch: Jesus, der Sein Leben für dich gegeben hat, der auferstanden ist, der dich errettet hat, … lebt in dir! Er ist unmittelbar an deiner Seite und bedeckt deinen Weg mit Seiner Gegenwart:

- Der Herr gibt dir Weisheit, das Richtige zu tun.
- Er gibt dir große Gnade.
- Er schenkt dir große Erbarmungen und die Zusage, dass Er dich niemals verlassen wird.
- Er schenkt dir Seinen Geist, der dich unterweist.
- Du wirst keinen Mangel haben, nichts entbehren.
- Er versorgt dich mit „Wasser" und hat Geduld mit dir.
- Er bewahrt den Bund, den Er mit dir in Jesus Christus geschlossen hat.
- Er wird Seine Treue an dir beweisen.

Denn der Herr zieht vor euch her und eure Nachhut ist der Gott Israels!
Jesaja 52,12

Doch auch wenn du wissen darfst, dass in deiner Wüste, bei deinem Unterwegssein, auf dem Wegstück, auf dem du dich ganz aktuell befindest, diese geniale Versorgung des Herrn für dich da ist … die Wüste ist nicht das Ziel deiner Reise, sie ist kein Ort zum Siedeln, zum Wohnen, zum Niederlassen. Sie bezeichnet nur den Ist-Zustand, aber nicht das, was der Herr wirklich für dich vorgesehen hat.

Kürzlich berichtete mir jemand von einer persönlichen Wüstenzeit: „Weißt du, ich bin ständig in der Wüste, meine Wüstenzeiten hören eigentlich gar nicht auf. Und in der Wüste kann ich dem Herrn am besten begegnen." Ich dachte darüber nach. Ist das wirklich Gottes Absicht für unser Leben? Nein, die Wüste ist niemals ein Ort zum Siedeln. Es ist immer nur ein Durchgangsort, hin zu dem eigentlichen Ziel, zu dem Land der Verheißung. Gottes Ziel für das Volk Israel war nicht die Wüste, obwohl Er dort Seine Versorgung und Seinen Schutz durchgehend schenkte. Letztlich waren es ja auch der Unglaube und das Murren, die das Volk damals 40 Jahre in der Wüste festhielten, obwohl Gott ein wunderbares Land für sie vorbereitet hatte.

Es stimmt, die Wüste ist ein Ort der Prüfung unserer Treue, unseres Glaubens und unserer Hingabe. Und es stimmt auch, dass man sich in der Wüste selbst am besten kennenlernt und entdeckt, was noch so alles in einem steckt, an Rebellion, an Ungehorsam, an verstecktem Zorn und Kleinglauben. Aber Gott möchte dennoch nicht, dass wir in der Wüste wohnen.

Sie ist kein Ort zum Niederlassen und Sich-häuslich-Einrichten. Wir sollen und dürfen so schnell wie möglich in das Land unserer persönlichen Verheißung hineingelangen.

Sein Schutz ist da, wenn wir unterwegs sind, aber Er hat etwas viel Größeres und viel Besseres für dich vorgesehen. Deshalb: Geh weiter!

Durch Glauben war Abraham, als er gerufen wurde, gehorsam, ***auszuziehen*** *an den Ort, den er zum Erbteil empfangen sollte; und er zog aus, ohne zu wissen, wohin er komme.* ***Durch Glauben siedelte er sich im Land der Verheißung an.***
Hebräer 11,8-9

Denn ich will nicht, dass ihr in Unkenntnis darüber seid, Brüder, dass unsere Väter alle unter der Wolke waren und alle durch das Meer hindurchgegangen sind und alle in der Wolke und im Meer auf Mose getauft wurden und alle dieselbe geistliche Speise aßen und alle denselben geistlichen Trank tranken, denn sie tranken aus einem geistlichen Felsen, der sie begleitete. Der Fels aber war der Christus. An den meisten von ihnen aber hatte Gott kein Wohlgefallen, denn sie sind in der ***Wüste*** *hingestreckt worden.* ***Diese Dinge aber sind als Vorbilder für uns geschehen****, damit wir nicht nach Bösem gierig sind, wie jene gierig waren.*
1.Korinther 10,1-6

Trink vom Heiligen Geist

Vor einiger Zeit befand ich mich über mehrere Monate in einer sehr bedrängenden und belastenden Situation, die mich regelrecht auszehrte. Irgendwann kam ich an einen Punkt starker Erschöpfung. Ich fühlte mich am Ende meiner Kraft.

Dann fuhren wir einige hundert Kilometer zu einer Konferenz, zu der wir lange zuvor angemeldet waren. Der Sprecher dort war allerdings anders, als ich es erwartet hatte. Ich hatte eine auferbauende, inhaltsstarke Predigt erwartet, doch er sprach die Zuhörer in einer Weise an, die ich als ziemlich platt und herausfordernd empfand. Immer wieder betonte er: „Trink!", „Trink jetzt vom Heiligen Geist!" Zu Beginn fand ich das so nichtssagend und aufgesetzt, doch irgendwann verstand ich, dass ich mich in der Tat für das öffnen musste, was der Heilige Geist mir geben wollte. So machte ich – ganz langsam – mein Herz auf und nahm diese einfache Botschaft an. Und tatsächlich, der Heilige Geist diente mir auf eine Weise, die mein Herz wirklich zutiefst berührte. Es war, als ob Er zart und liebevoll eine Salbe auf meine inneren Wunden streichen würde. Nach und nach spürte ich, wie ich wieder zu Kraft kam, immer mehr erfrischt und ermutigt wurde. Ich spürte, wie gut es mir tat, von Ihm zu „trinken". Er wusste genau, was notwendig für mich war.

Die schwierige Situation, in der ich mich befand, hatte sich nicht geändert und die Bedrängnis und der Stress waren, äußerlich gesehen, noch immer da. Doch ich war in meinem inneren Menschen gekräftigt, erfrischt und konnte nun ganz anders damit umgehen.

Deshalb ist mein Rat an dich, dich in belastenden Umständen an Den zu wenden, der dir allein wirklich das geben kann, was du im jeweiligen Moment am dringendsten brauchst. Lass zu, dass Er dir dient. Nimm dir Zeit für Ihn. Beginne, wie ich, zu trinken …

*Wenn jemand **dürstet**, so komme er zu mir und **trinke**! Wer an mich glaubt, wie die Schrift gesagt hat, aus seinem Leibe werden Ströme lebendigen Wassers fließen. **Dies aber sagte er von dem Geist**, den die empfangen sollten, die an ihn glaubten.*
Johannes 7,37-39

*Gott, du bist mein Gott; dich suche ich von ganzem Herzen. Meine Seele **dürstet** nach dir, mein ganzer Leib sehnt sich nach dir in diesem dürren, trockenen Land, in dem es kein Wasser gibt.*
Psalm 63,1

Erinnere dich!

Vielleicht ist dir das Gefühl noch sehr präsent, als du von einem Lehrer oder Ausbilder in irgendeiner Sache abgefragt wurdest und du solltest dich an etwas Bestimmtes erinnern. So oft hatte man es gelernt, wiederholt, aufgesagt. Doch plötzlich wollte es einem schier nicht einfallen, Blackout, nichts ging mehr …

„Erinnern" ist ein jedermann bekanntes Wort und ein uns allen bekannter Vorgang. Es bedeutet, dass man sich auf etwas besinnt und sich etwas von dem, was man im Gedächtnis gespeichert hat, ins Bewusstsein zurückruft. Als ich über dieses Wort nachdachte und mich an meine Schul- und Ausbildungszeit erinnerte, fielen mir auch Berichte in der Bibel ein, bei denen es um Erinnern geht.

Einer der dramatischsten Bibeltexte über die Versorgung Gottes für Sein Volk ist Psalm 78. Schon ganz zu Beginn wird man aufgefordert, die Wunder und Taten Gottes in Erinnerung zu behalten und an die nächste Generation weiterzugeben:

Was wir gehört und erfahren und unsere Väter uns erzählt haben, wollen wir nicht verhehlen ihren Söhnen, und dem künftigen Geschlecht erzählen die Ruhmestaten des Herrn und seine Macht und seine Wunder, die er getan hat.
Psalm 78,3

Das war der Auftrag, das war es, was sie tun sollten. Doch dann lesen wir:

*Sie **vergaßen** seine Taten und seine Wunder, die er sie hatte schauen lassen!*
Psalm 78,11

Das Volk erinnerte sich nicht mehr an die Kraft Gottes; sie erinnerten sich nicht, dass Er mächtig und von großer Barmherzigkeit war. Sie erinnerten sich nicht an Seinen Schutz, Seine Versorgung, Seine Segnungen. Er hatte sie immer versorgt, aber als es ihnen besser ging, vergaßen sie es einfach.

Vielleicht hast du in deinem Leben auch schon das Eingreifen Gottes, Seine Wunder und Seine Versorgung erlebt. Es gab Situationen, durch die Er dich schützend hindurchführte und segnete. Vielleicht mit guter Gesundheit, mit intakten Beziehungen, mit unerwarteter Hilfe, mit einem lang gehegten Herzenswunsch, mit guten Ärzten, mit Finanzen, mit einem Arbeitsplatz, mit übernatürlichem Segen … Und du warst von ganzem Herzen dankbar. Und jetzt? Wenn sich jetzt wieder eine ähnliche Situation anbahnt, dann erinnere dich! Erinnere dich, dass der Herr dir hindurchgeholfen hat und dir wieder genauso hindurchhelfen will und wird. Jesus selbst sagt:

*Der Beistand aber, der Heilige Geist, den der Vater senden wird in meinem Namen, der wird euch alles lehren und euch **an alles erinnern**, was ich euch gesagt habe.*
Johannes 14,26

Erinnere dich daran, dass Gott wirklich mehr für dich hat.

Vorbereiteter Segen

Wir haben in unserem Leben immer wieder die Erfahrung gemacht, dass das, wofür wir vor vielen Jahren gebetet hatten, heute in Existenz gekommen ist. Das, was wir als Vision von Gott bekamen und was sich nach unserem Verständnis oft so zögerlich entwickelte, bekam irgendwann Auftrieb und wurde in unserem Leben zur Realität.
Das gilt auch für dich. Du musst erkennen, dass du mit dem, was du gerade jetzt in deinem Leben siehst und wahrnimmst, nicht am Endpunkt deiner Bestimmung angekommen bist. Vielleicht sieht manches jetzt im Moment noch klein aus, aber bete weiter, bleib dran. Der Herr hat Gedanken über dein Leben, die Zukunft und Hoffnung in sich tragen. Viele Männer und Frauen Gottes erlebten Ähnliches. Sie begannen klein, mit nur wenig in den Händen, manchmal mit nichts anderem als allein dem Vertrauen auf den Herrn, der ihnen eine Vision gegeben hatte. Viele von ihnen mussten auch einen hohen persönlichen Preis bezahlen. Doch sie gingen unbeirrt weiter mit dem Herrn und die Verheißungen wurden in ihrem Leben zur Realität.

Deshalb: Gehe weiter in deine persönliche Vision hinein, bleib dran und du wirst sehen, dass alles zum richtigen Zeitpunkt vom Herrn für dich vorbereitet sein wird.

Der aber Samen darreicht dem Sämann und Brot zur Speise, wird eure Saat darreichen und mehren und die Früchte eurer Gerechtigkeit wachsen lassen, und ihr werdet in allem reich gemacht zu aller Aufrichtigkeit im Geben, die durch uns Danksagung Gott gegenüber bewirkt.
2. Korinther 9,10-11

Nebelsonne

Es war früh am Morgen. Kalt und neblig zeigte sich der Garten und vom Apfelbaum fielen kleine Tautropfen auf das grünbraune Gras. Heute war es ziemlich kalt, obwohl wir eigentlich kalendermäßig noch lange nicht im Winter angekommen waren. Den Gang zum Thermometer draußen vor der Tür empfand ich, so kurz nach dem Aufstehen, als eine kleine Zumutung. Warum wollen wir eigentlich immer so genau wissen, wie kalt oder warm es gerade ist, wenn wir es an uns selbst doch durch und durch zu spüren bekommen? Schnell schloss ich die Tür wieder und zog meine Jacke fester um mich. Es waren noch einige Dinge zu organisieren, bevor der Tag mit Frühstück und seinen nachfolgenden Ereignissen beginnen konnte. Bald breitete sich der Kaffeeduft in der Wohnung aus und sorgte zumindest bei mir schon einmal für ein etwas behaglicheres Gefühl.

Alle Eltern wissen, wie sich ein Frühstück mit der Familie vor einem stressigen Schul- und Arbeitstag gestaltet. Da gab es schon so viel zu trösten, zu schlichten, zu ermutigen und aufzumuntern. Aber irgendwann, als sich der Zeiger der Uhr einem gefährlichen Zeitpunkt näherte, verließen wir die noch immer nicht ganz warm gewordene Wohnung, um im kalten Auto unterwegs zu sein.

Der Nebel war ziemlich dicht. Man konnte nur wenig sehen und es war etwas anstrengend, sich auf die Straße zu konzentrieren. Bei alldem war ein sonderbares Licht wahrzunehmen. Ganz oben über den dichten Nebelschwaden schien es so, als ob sich das Licht direkt auf den Wolken lagern würde. Wir schlängelten uns mit all den anderen Lernenden und Arbeitenden durch die

Stadt und kamen endlich an. Ich wünschte den Kindern einen klaren, sonnendurchfluteten und „unnebeligen" Tag, einen Tag, der durchdrungen ist von Klarheit, um gut zu lernen und um die Dinge, die es zu lernen gibt, gut aufzunehmen. Ich hatte den Eindruck, dass sie von meinen Worten noch nicht so ganz überzeugt waren. Wie denn auch, wenn man rundum nur im dichten Nebel festzustecken scheint. Nebel ist einfach ein „Noch-nicht-so-genau-wissen".

Als ich auf dem Rückweg wieder über den kleinen Höhenzug fuhr, lichtete sich der Nebel um mich herum und ganz plötzlich und unerwartet war ich jäh von einem strahlend hellen, blendenden Licht umgeben. Vor mir breitete sich eine satte grün-braune, „frühlingshafte Herbst-Winterlandschaft" aus. Es war einfach genial anzusehen. Einen größeren Gegensatz zum soeben erst verlassenen Nebel schien es kaum zu geben. Es hatte etwas Majestätisches an sich. Ich hielt an, um diesen Augenblick zu genießen, denn ich wusste, dass es seltene Augenblicke und Gelegenheiten gibt, die man jetzt, zu diesem Zeitpunkt wahrnehmen und empfangen muss. Wir sollten solche Momente unbedingt in uns aufnehmen, weil sie unser Herz mit Dankbarkeit über Gottes geniale Kreativität und Seine Schöpfung erfüllen.

Ich schaute auf den Ort unter mir. „So viele Menschen, die da im Nebel leben", ging es mir durch den Kopf, „wissen nichts von der Sonne, die oben in der Höhe scheint. Menschen, die herumtasten, frierend, suchend. Die, wenn sie laufen, immer einen Schritt in die falsche Richtung gehen, ohne vom Licht des Lebens berührt worden zu sein. Würden sie einen neuen Anfang wagen, einen Neubeginn, würden sie umkehren, könnten sie im Licht leben, das Licht genießen, sich wärmen in den Stürmen und der Kälte des Lebens."

Nachdenklich und mit einem warmen Gefühl im Herzen ließ ich den Motor wieder an …

In mir war wieder neu das Drängen entstanden, dafür zu beten, dass Gott Erntearbeiter in seine Ernte sendet. Menschen, die die Gute Nachricht von Jesus, dem Retter, in diese neblige Welt tragen. Menschen, die Er dafür vorbereitet und gesalbt hat. Menschen, die den Himmel füllen und die Hölle plündern.

Und ich will mich mit einreihen.

Aber euch, die ihr meinen Namen fürchtet, wird die **Sonne der Gerechtigkeit** *aufgehen, und Heilung ist unter ihren Flügeln.*
Maleachi 3,20

Der Geist des HERRN hat durch mich geredet … wer in der Furcht Gottes herrscht, der ist wie das Licht des Morgens, **wenn die Sonne aufstrahlt**, *eines Morgens ohne Wolken.*
2.Samuel 23,2-4

Vorbereitung im Verborgenen

Ich möchte mit dir über einen bestimmten Aspekt des Themas Zeit nachdenken: über das Warten, also über Dinge und Zeitpunkte, auf die wir warten, die wir ab-warten, die von uns er-wartet werden.

Während Kinder heiß und sehnsüchtig den Tag bestimmter Feste wie Weihnachten oder ihren Geburtstag herbeisehnen und kaum das lange Warten aushalten können, stehen Erwachsene diesen Dingen – zumindest äußerlich – doch etwas cooler und distanzierter gegenüber. Da wartet man zum Beispiel auf die Geburt eines Kindes … und sehnt gleichzeitig schon das Ende der Wehen herbei. Oder wir warten in den alltäglichen Kleinigkeiten: an der Bushaltestelle, am Bahnhof, auf das Klingeln, welches das Ende einer Unterrichtsstunde verkündet, auf die Ankunft von Gästen, auf das Ende einer für uns nicht so prickelnd verlaufenden Unterhaltung, auf das Ergebnis einer Untersuchung, auf das Ende einer Krankheitszeit. Wir warten darauf, dass wir endlich einmal an der Reihe, endlich einmal dran sind. Wir warten auf den Anpfiff des Spieles – unseres Spieles –, wo alles noch offen ist, die Halbzeit alle Möglichkeiten bietet und erst der Schlusspfiff entscheidet. Wir warten an der Kasse im Supermarkt, auf den endlich verdienten Urlaub, auf das Taxi und die dringend benötigte Erholung. Und viele von uns warten, dass der Herr endlich bestimmte Türen öffnet oder wir eine bestimmte Gebetserhörung erleben.

Sicherlich fallen auch dir eine Fülle von Dingen ein, in denen du gerade stehst, wartest und er-wartest, dass sich endlich etwas tut.

Als Menschen dieser Welt sind wir eingebettet in Zeit. Zeit ist eine Erfindung Gottes, Er hat sie geschaffen. Die allererste Einteilung der Zeit geschah von Gott selbst und trug das Gütezeichen: „Besonders wertvoll, sehr gut gemacht". Er gestaltete die Schöpfung in sechs Tagen, die als Zeit der Arbeit beschrieben werden und dann folgte ein Tag der Ruhe. Jeder Schöpfungstag war eine feste Zeitperiode, begrenzt durch Anfang und Ende. Menschen haben schon immer viel Energie, Mühe und Einfallsreichtum darein investiert, das Leben in Abschnitte, in Zeiten, in Perioden oder einen bestimmten Turnus einzuteilen.

Und ist es nicht interessant: Je schnelllebiger sich unser Leben gestaltet, umso weniger Zeit meinen wir zu haben. Ständig werden Dinge erfunden, die uns als „Zeitschenker" oder „Zeitsparer" verkauft werden und doch stellen wir fest, dass sie fast genau das Gegenteil bewirken. Wir bringen viel Zeit damit zu, unser Leben richtig zu planen, in der Meinung, dass es dadurch für uns intensiver, reicher, echter, genüsslicher, gesünder wäre. Ich spreche hier nicht von einem guten Gebrauch an Zeiteinteilung, die wir sicherlich alle brauchen können, sondern von der überzogenen Jagd nach mehr Zeit, die uns nicht zur Ruhe kommen lässt und hinter der oft eine tiefe Angst verborgen ist.

Wir gehen durch verschiedene Lebenszeiten mit ganz unterschiedlichen Erfahrungen, Erlebnissen und Empfindungen. Vielleicht bist du gerade dabei, mit neuem, frühlingshaften Schwung die Dinge deines Lebens nach der Winterpause in Angriff zu nehmen. Oder du gehst gerade durch eine Krise mit dem Gefühl einer nicht enden wollenden Wüstenwanderung unter sonnenglühenden Tagen und eiskalten Nächten? Vielleicht gehörst du im Moment zu denen, die den Eindruck haben, so richtig von

heftigen Herbststürmen durchgeschüttelt zu werden und den Wunsch haben, ihren Mantel noch fester zuzuknöpfen, um dem heftigen Gegenwind standhalten zu können. Oder du zählst zu den Menschen, die sich innerlich fast erfroren vorkommen? Nichts bewegt sich, keine Sonne, keine Wärme scheint bis ins Innerste vorzudringen. Es ist kalt, du hast dich zurückgezogen, bist ohne Kraft und Mut. Ist in dir Winterzeit?
Falls du dich hier wiederfindest, habe ich eine gute Nachricht des Herrn für dich:

Und beständig wird der Herr dich leiten, und er wird deine Seele sättigen an Orten der Dürre und deine Gebeine stärken. Dann wirst du sein wie ein bewässerter Garten und wie ein Wasserquell, dessen Wasser nicht versiegen.
Jesaja 58,11

*Gott aber kann machen, dass alle Gnade unter euch reichlich sei, damit ihr in allen Dingen **allezeit volle Genüge** habt und noch reich seid zu jedem guten Werk.*
2.Korinther 9,8

Der Herr führt uns durch verschiedene Zeiten in unserem Leben, um bestimmte Dinge hervorzubringen, uns wachsen zu lassen, zu verändern, uns Seinem Bild ähnlicher werden zu lassen. Wir empfinden diese Abschnitte und Wegstrecken mitunter als mühsam, nicht zuletzt deshalb, weil das Wachstum zumeist im Verborgenen – für uns nicht sichtbar – geschieht.

Als unser Sohn noch klein war, hatte er bereits eine Vorliebe für alles, was in der Natur wächst und gedeiht. Um dieses Interessengebiet zu erweitern, legten wir, direkt neben dem großen

Sandkasten, ein kleines Gärtchen an. Wir bereiteten den Boden und säten Blumensamen ein. Eines Tages kam der Opa zu Besuch und brachte Kartoffeln mit kleinen weißen „Wurzeln" mit. Enkel und Opa machten sich im Gärtchen ans Werk. Löcher wurden geschaufelt und die Kartoffeln behutsam hineingelegt, denn, so hatte der Opa dem Enkel erklärt, aus jeder einzelnen Kartoffel würden viele neue Kartoffeln wachsen.

Am nächsten Tag kam der Kleine und zeigte dem Opa mit traurigem Gesicht die von ihm wieder ausgebuddelten Kartoffeln. Er war betroffen, dass das ja nun leider nicht geklappt hätte, denn es wären ja gar keine Kartoffeln gewachsen. Oh nein! Wieder werden die Kartoffel in die Erde eingebettet: „Du musst warten!", hieß es. „Das dauert, das geht nicht so schnell!" Aber dem kleinen Kerl will es immer noch nicht in den Kopf. Er wartet nun schon den ganzen Tag und eine lange Nacht dazu. So stiefelt er wieder in sein Gärtchen, holt wieder die Kartoffeln heraus, um sie erneut enttäuscht zu präsentieren: Das stimmt alles gar nicht, sie sind immer noch nicht gewachsen! Wo bleiben denn die vielen versprochenen Kartoffeln, die er ernten würde?

Weißt du, dass wir uns als Christen oft ganz genauso verhalten? Es gibt Zeiten, in denen der Herr im Verborgenen das wachsen lässt, was Er verheißen und versprochen hat. Sein Plan hat immer einen Anfang, die Zeit des Pflanzens, des Ausstreuens des Samens, dann schenkt Er eine Phase des Wachstums als eine Zeit des Heranreifens, um uns letztlich die Frucht, die Ernte, zukommen zu lassen. Er hat uns beispielsweise etwas Übernatürliches zugesagt – zum Beispiel eine Verheißung, eine Vision, eine Berufung, bestimmte Erkenntnis, einen Durchbruch – und wir nehmen es dankbar an. Dann kommt die „Wachstum-Warte-Zeit" und oft verlieren wir die Dinge aus dem Blick, weil wir sie im Natürlichen nicht schnell genug in Existenz kommen sehen. Vielleicht beginnt sich Ungeduld – bei den anderen geht es viel schneller – oder Neid – bei den anderen wächst es viel besser – oder Hader gegen Gott – wie kann er sich nur so viel Zeit lassen? – zu regen.

Vielleicht denken wir dann auch noch, dass wir Gott etwas auf die Sprünge helfen müssten. Wir wollen diesen schier nicht enden wollenden Warteprozess beschleunigen, den die Bibel mit „ausharren" bezeichnet – übrigens einem schönen deutschen Wort, das zu lebenslangem Studium einlädt – und so graben wir immer wieder unsere „Glaubenskartoffeln" aus.

Hast du die Geschichte von Abraham, Sarah, Hagar, Isaak und Ismael vor Augen, die wir ab 1. Mose 12 nachlesen können? Folgendes kann man da sehr deutlich sehen: Abraham empfängt eine Verheißung von Gott, die er dankbar im Glauben annimmt. Sarah freut sich ebenfalls. Beide warten – warten – warten … es kommt ihnen endlos vor. Sarah nimmt die Dinge irgendwann selbst in die Hand, überzeugt Abraham von ihrer „guten Idee" und Hagar wird unfreiwillig zur menschlichen Problemlöserin, die Ismael zur Welt bringt. Gott schreitet indes nicht mit einem donnernden „Stopp!" ein, sondern – und das ist wichtig zu verstehen – lässt sie gewähren, trotz aller negativer Begleiterscheinungen. Sein ewiger Plan kommt – und das ist noch wichtiger zu verstehen – dennoch zustande. Er macht Sein Handeln, Sein Zeugnis, noch wunderbarer dadurch, dass er die alte Dame Sarah dann doch noch zur Mutter macht:

Und der Herr suchte Sarah heim, wie er gesagt hatte, und der Herr tat an Sarah, wie er geredet hatte.
1.Mose 21,1

Was hilft uns, die Zeiten des verborgenen Wachsen und Reifens zu gestalten? Alles Gepflanzte braucht Wärme, Licht und Feuchtigkeit, um wachsen zu können. Um bei unserer Kartoffelgeschichte zu bleiben: Unser Sohn musste mit seiner kleinen Gießkanne so manchen Gang machen, um im trockenen Sommer das Gärtchen zu begießen. Und seine Fragen, wann denn nun endlich geerntet werden würde, nahmen kein Ende.

Deshalb hier ein paar Tipps:

- Übe dich im „Wassertragen", damit deine geistlichen Muskeln nicht müde und schlapp sind, sondern fest und stark. Denn die Zeit der Ernte kommt bestimmt.
- Bete mit Verheißungen aus der Bibel über deinem Leben. Sprich immer wieder das aus, was Gott über dich sagt, was Er dir persönlich zugesagt und versprochen hat.
- Bete in Zungen, das hilft, von uns selbst wegzuschauen, hin auf den Geber aller guten und vollkommenen Gaben.
- Blicke nicht wie gebannt auf deine derzeitigen Umstände, deine noch nicht gewachsenen Kartoffeln, sondern richte deinen Blick bewusst auf den Herrn. Er ist der Anfänger und Vollender deines Glaubens.
- Schreibe dir Bibelstellen mit göttlichen Verheißungen auf und bringe sie dir an Stellen an, wo du sie immer wieder sehen kannst. Das hilft dir, wenn es einmal heftiger wird.
- Lerne Bibelverse auswendig. Wenn sie in dir verankert sind, kann das in Zeiten, wo du irgendwo unterwegs bist, zum Beispiel im Wartezimmer eines Arztes, sehr hilfreich sein.
- Stehe mit dem Wort Gottes auf gegen jede aufkommende Angst, gegen Depression, gegen schlimme Nachrichten, gegen jedes feindliche Wirken an dir oder deiner Familie. Ich empfehle dazu zum Beispiel Psalm 91.

- Suche die Gemeinschaft in einer christlichen, gläubigen Gemeinde, mit Menschen, die dich weiterbringen, wo du gute Nahrung aus dem Wort Gottes bekommst. Vielleicht brauchst du auch Hilfe, indem du ein beratendes Gespräch mit einem Christen suchst, schiebe ihm aber bitte nicht die Lösung deiner Probleme zu. Werde reif und mündig im Herrn, denn gerade das ist es ja, um was es geht.
- Übe dich im Lobpreis. Beginne den Herrn zu loben und dein Herz wird in Bewegung kommen, es wird hinterherlaufen – und auch wenn es vielleicht zunächst noch etwas träge schlurft, es wird schon auf Trab kommen.
- Lies gute Bücher, die dir weiterhelfen. Also mal etwas anderes als nichtige Krimis, Thriller und Romane.
- Achte darauf, was du dir im Fernsehen anschaust, denn nur wenig davon ernährt deinen Geist wirklich gut. Manches manipuliert dich mehr, ängstigt dich mehr, beeinflusst dich mehr, bedrückt dich mehr, als du im ersten Moment wahrnehmen kannst. Dies ist ein wichtiger Punkt. Vielleicht ist es an der Zeit, den „Hausaltar Fernseher" mal in den Keller oder die Garage zu räumen, wo man sich zwar ab und zu noch mal etwas anschauen kann, es aber nicht wohnzimmerlich bequem ist. Und stattdessen legst du auf deinen Wohnzimmertisch deine Bibel und liest abends im Wort Gottes. Du wirst sehen: Schon nach wenigen Wochen wird sich dein Leben deutlich verändert haben.
- Achte darauf, wie du dich um deinen Körper kümmerst. Auch da hast du eine echte Verantwortung. Wir müssen weder stark übergewichtig noch magersüchtig sein, beides ist von Gott nicht so gedacht. Der Feind versucht uns hier in innerliche und äußerliche Bedrängnis hineinzutreiben. Auch hier kannst du lernen, gegen diese Attacken aufzustehen.

- Lass es dir doch mal etwas an Zeit, Mühe und Hingabe kosten, deinen von Gott gepflanzten Samen zu bewässern. Vielleicht ist auch mal Hacken und – besonders wichtig – Unkrautjäten angesagt.

Gott legt Zeiten fest und Er ist immer dabei, sie mit und durch uns zur Erfüllung zu bringen. Seine Zusage ist Seine ewige Liebe zu uns. Er sagt: „Ich habe dich je und je geliebt, darum habe Ich dich auch zu Mir gezogen aus lauter Gnade."[32]

Ich möchte dich ermutigen: Gott ist ständig dabei, etwas für dich auf den Weg zu bringen, etwas für dich zu arrangieren. Er weiß, wie es um dein Wachstum bestellt ist. Er kennt die Zeitpunkte deines Lebens. Sei dir gewiss: Der Heilige Geist ist der „Planer der Wunder".[33] Der Herr bringt dein Leben zur Erfüllung.

Du wirst ernten … und es wird etwas weitaus Kostbareres als nur Kartoffeln sein.

So spricht der HERR: **Zur Zeit des Wohlgefallens habe ich dich erhört, und am Tag des Heils habe ich dir geholfen**. *Und ich werde dich behüten und dich zum Bund des Volkes machen, das Land aufzurichten, die verödeten Erbteile auszuteilen, den Gefangenen zu sagen: Geht hinaus! und zu denen, die in Finsternis sind: Kommt ans Licht! Sie werden an den Wegen weiden, und auf allen kahlen Höhen wird ihre Weide sein. Sie werden nicht hungern und nicht dürsten, und weder Wüstenglut noch Sonne wird sie treffen. Denn ihr Erbarmer wird sie leiten und wird sie zu Wasserquellen führen. Alle meine Berge will ich zum Weg machen, und meine Straßen werden hoch dahinführen.*
Jesaja 49,8-11

---

[32] Jeremia 31,3
[33] Jesaja 9,5

Das alte Stoppschild

Ein Liegestuhl, Sonne, wolkenloser blauer Himmel, Vogelgezwitscher und eine Tasse Kaffee in der Hand … ich habe frei! Niemand will etwas von mir. Ich habe die Social-Media-Waffen wie Facebook, WhatsApp, Handy, Haustelefon nicht mitgenommen. Wie entspannend! Diesen Nachmittag werde ich genießen.

Ich schließe meine Augen und lasse meine Gedanken „spazieren gehen". Ja, es war viel los gewesen in den vergangenen Wochen. Umzug der Kids, Wochenendseminare, der Dienst von Gottes-Haus, die Veranstaltungen in unserem Zentrum. Ich denke an die vielen Kontakte, Gespräche, Gebetszeiten, Meetings … unser ganz normales Leben also. Irgendwann bemerke ich, wie sich meine Gedanken in eine andere Richtung bewegen. Sie werden stressiger, nehmen gewissermaßen Tempo auf und dann sind sie da, die ungeklärten Dinge, die Herausforderungen, die noch nicht zu Ende gebrachten Sachen, die Probleme und Nöte …! Es scheint mir, als würde mir jemand ein dickes Schild vor die Nase halten auf dem steht: „Aufgehalten!"

Ich öffne meine Augen und stelle fest, dass sich eine dicke, schwere Wolke vor die Sonne geschoben hat, es ist schlagartig etwas kühler geworden und ein leichter Wind erhebt sich. Mit gerunzelter Stirn stelle ich fest, dass mir der anfängliche Genuss des freien, sonnigen Nachmittags geraubt werden soll. Das kommt mir doch irgendwie bekannt vor. Und ganz schnell weiß ich: Wenn ich hier nicht ganz konsequent eine Richtungsänderung in meinen Gedanken vornehme, kann ich genausogut aufstehen und das Haus putzen gehen. Und selbst dann würden mir die negativen Gedanken hinterherschleichen.

Also: Ich hole „es" mal wieder heraus, das alte verbeulte Stoppschild, das diesen miesen Gedanken Einhalt gebieten muss. Ich lächele ein bisschen, als ich mir vorstelle, dass es wirklich schon einiges an Kratzern und Beulen hat und dass an manchen Stellen sogar die rote Farbe etwas abgeblättert ist. Es gab Zeiten in meinem Leben, da räumte ich dieses Stoppschild, welches auf dem Schlachtfeld meiner Gedanken stand, gar nicht erst weg. Es lohnte sich nicht. Ich war im Üben und Lernen, den negativen Gedanken zu widerstehen und die Gedanken Gottes zu erheben und zu lernen. Aber es gab auch andere Zeiten, da brauchte ich es nur mal kurz, ich hatte gelernt, schneller zu werden, um die miesen Machenschaften des feindes in meinen Gedanken ganz schnell zu identifizieren und abzuwehren.

Und heute? Jetzt war es wieder mal nötig, es hervorzuholen.

„Stopp!" Das ist mehr als ein Wort oder Vorhaben. Es ist eine wichtige Entscheidung, sich abzuwenden, umzukehren und einen anderen Weg einzuschlagen. Nein, nicht ein Verdrängen von Gedanken, was keine wirkliche Lösung bringt, auch kein „positives Denken", was bestimmte Umstände des Lebens einfach auszublenden versucht. Es ist etwas anderes. Wir haben die Möglichkeit zu wählen, eine Entscheidung zu treffen … gegen Angst und Sorge, gegen Panik, Frust und Befürchtungen. Die Bibel spricht im Philipperbrief sogar darüber, dass wir nur über das, was Gott wohlgefällig ist, nachdenken und uns damit beschäftigen sollen.

So stehe ich also wieder an dieser Stelle der Entscheidung. Ich weiß, dass es in diesem Kampf um meine Gedanken auch zur Niederlage kommen kann – das habe ich schon schmerzhaft erlebt. Also sage ich buchstäblich zu meinen Gedanken:

„Stopp! Sofort aufhören, in die falsche Richtung zu gehen oder sich darin aufzuhalten." „Stopp, in dem Namen Jesus!"

Und genau das ist die richtige Richtung: Ich muss mich mit Ihm beschäftigen, an Seine Verheißungen für mich denken, an Seine Lösungsmöglichkeiten für meine Situation. Ich muss mich mit dem Richtigen beschäftigen und mich im Glauben danach ausstrecken. Er kennt meine Herausforderungen und nichts wird Ihn darin überraschen können. Er hat den Plan. Er kümmert sich um alles und die Dinge müssen mir zum Besten dienen. Er ist mein Garant ... für alles!

Ich beginne meinen Glaubensblick zu erheben und in die richtige Richtung zu lenken, mich auszustrecken nach dem, was ich noch nicht in den Händen halte, aber im Herzen gewiss bin, dass ich es bereits von Jesus empfangen habe. Ich ergreife im Glauben, dass der Herr mich und meine Anliegen im Blick hat. Im Verlauf dieses Nachdenkens über Gottes Lösungen und Versorgung fällt mir auf, dass ich mich wieder entspannt habe, dass neu geschenkter Friede mich erfüllt – und die Wolke hat sich auch wieder verzogen. Die Sonne scheint von einem klaren, blauen Himmel herab.

Süß aber ist das Licht, und gut für die Augen ist es, die Sonne zu sehen.
Prediger 11,7

*Übrigens, Brüder, alles, was wahr, alles, was ehrbar, alles, was gerecht, alles, was rein, alles, was liebenswert, alles, **was wohllautend ist**, wenn es irgendeine Tugend und wenn es irgendein Lob gibt, **das erwägt**!*
Philipper 4,8

Handicap

Nicht wenige Menschen fühlen sich in irgendeiner Weise gehandicapt. Sie glauben, dass sie irgendein Problem haben, das sie von den Dingen zurückhält, die sei eigentlich gerne tun würden. Sie haben sich festgelegt: „Ich würde ja gerne, aber ich kann nicht!" Und so ist mancher deprimiert über sich selbst und sein Leben, das so unerfüllt dahinplätschert.

Doch unser eigentliches Handicap befindet sich in unserem Denken. Es ist das Einzige, was verhindern kann, dass wir in die volle Bestimmung Gottes für unser Leben hineintreten. Was denkst du persönlich über die Benachteiligungen in deinem Leben? Wieso haben sie das Recht, dich zu stoppen? Warum gewährst du ihnen dieses Recht? Der Schlüssel befindet sich in deiner Hand: Du sollt, ja, du musst, die destruktiven Gedanken, die dich begrenzen, diese „Ich-bin-weniger-begabt"-Mentalität und diese „Ich-kann-eben-nicht"-Einstellung abschütteln. Und zwar wissentlich, bewusst und entschlossen.

Viele Menschen beten, dass Gott erst ihr Handicap aus dem Weg räumen soll, bevor sie bereit sind, das zu tun, von dem sie wissen, dass sie es tun sollen. Doch es gilt jetzt, hier und heute loszugehen, genau in der Situation, in der du dich befindest, dem momentanen Ist-Zustand deines Lebens. Wenn du das tust, wirst du sehen, wie das vermeintliche Handicap immer weniger Einfluss über dich ausübt. Klebe nicht an dem fest, was dir als Mangel oder Makel erscheint, sondern strecke deinen Glauben und dein Vertrauen aus zu unserem mächtigen Gott:

*Ich will **mein Vertrauen** auf ihn setzen!*
Hebräer 2,13

Entdeckungen in Psalm 62

Geht es dir genauso wie mir und du wartest auf das Eingreifen Gottes in deinem Leben? Vor kurzem habe ich den Psalm 62 gelesen und er sprach in besonderer Weise zu mir. Ich möchte dich gerne auf einige Aussagen in diesem Psalm hinweisen, die dich heute segnen und stärken können. Überschrieben ist dieser Psalm in meiner Bibel mit „Warten auf Gott". Sicher kennst du Bedrängnisse in ihrer ganz unterschiedlichen Form und Ausprägung. Wartest du darauf, dass Gott eingreift? Dass Dinge, für die du schon lange glaubst und kämpfst, endlich sichtbar werden? Dass Schmerzen weichen, dass Heilung kommt, dass Beziehungen wiederhergestellt werden? Dass das geschieht, wofür du in deinem Leben schon so lange betest und glaubst?

Wenn du in solchen Situationen bist, dann lies diesen Psalm. Lies ihn dir am besten selbst laut vor und sprich ihn ganz bewusst in der Ich-Form über deinem Leben aus. Die ersten Verse sind so wichtig, dass sie fast im gleichen Wortlaut noch einmal bestätigt werden. Unter anderem heißt es darin, dass von Ihm deine Hilfe kommt; dass nur Er dein Fels, deine Hilfe, deine Festung ist; dass von Ihm deine Hoffnung kommt; dass auf Ihm dein Heil und deine Ehre ruht; dass Er der Fels deines Schutzes und deine Zuflucht ist.

Egal, wie die Dinge heute bei dir liegen, lass das Warten auf Gottes Eingreifen und Handeln von dem tiefen Vertrauen zu Ihm geprägt sein. Er hat alle Macht, in deinem Leben Veränderung zu bringen.

*Nur auf Gott vertraut still **meine** Seele, von ihm kommt **meine** Hilfe. Nur er ist **mein** Fels und **meine** Hilfe, **meine** Festung; ich werde kaum wanken.... Nur auf Gott vertraue still **meine** Seele, denn von ihm kommt **meine** Hoffnung. Nur er ist **mein** Fels und **meine** Hilfe, **meine** Festung; ich werde nicht wanken. Auf Gott ruht **mein** Heil und **meine** Ehre; der Fels **meines** Schutzes, **meine** Zuflucht ist in Gott.*

Vertraut auf ihn allezeit, ihr von Gottes Volk! *Schüttet euer Herz vor ihm aus! Gott ist unsere Zuflucht.... Eines hat Gott geredet, zwei Dinge sind es, die ich gehört, dass die Macht bei Gott ist und dein, Herr, die Gnade; denn du, du vergiltst jedem nach seinem Werk.*
Psalm 62

Einmal Emmaus und zurück!

Zwei Männer waren auf einer staubigen, steinigen und einsamen Straße unterwegs – und genauso sah es auch in ihrem Inneren aus. Alles hatten sie drangegeben und waren dem Einen nachgefolgt, der ihr Herz erwischt hatte, der ihnen Leben verheißen hatte. Wunder und Zeichen hatten sie bei Ihm gesehen, ja, Er war wirklich *„mächtig im Werk und Wort vor Gott und dem ganzen Volk"* gewesen.[34]

Sie waren so erfüllt gewesen, so voller Freude … doch heute?

Traurig waren die beiden Männer an diesem Spätnachmittag unterwegs. Bedrückt gingen sie zurück zu dem Ort, von wo aus sie vor so langer Zeit, wie es ihnen schien, gestartet waren, um eigentlich nie wieder dorthin zurückzukehren. Doch jetzt befanden sie sich auf dem Weg zurück, auf ihrem persönlichen Rückzug. Und zwölf lange, einsame Kilometer mit schweren Herzen und verwirrten Gedanken lagen noch vor ihnen. Sie spürten nicht nur die körperliche Müdigkeit der letzten Wochen, nein, es war viel mehr die innere Erschöpfung, die Irritation, die Verunsicherung, die sich in ihnen ausbreitete und ihnen schwer zu schaffen machte. Denn auf ihrem Weg war keinerlei Ausweg mehr in Sicht. Man sagt ja: „Die Hoffnung stirbt zuletzt!", doch die Hoffnung dieser beiden Männer war tatsächlich gestorben, im wahrsten Sinne des Wortes. Sie war zerstört und was sie im Herzen bewegte, war nur eins, die beklemmende Frage nach dem „Warum", nach dem „Sinn in dem Ganzen", das sie erlebt hatten. Gab es überhaupt einen Sinn darin?

---

[34] Lukas 24,19

Sie hatten alles auf eine Karte gesetzt und sich voller Glauben an Ihn gehängt. Sie waren Ihm nachgefolgt, Ihm, der ihrem Leben Hoffnung und Zukunft, eine neue Vision gegeben hatte. Und das nicht nur ihnen, nein, es war eine Vision, die die ganze Welt erreichen und verändern sollte. Der Retter war gekommen. Das Licht war über denen, die im Dunkel leben, heilsam erschienen. Sie hatten zu denen gehört, die in engem Kontakt zu dem Meister und Lehrer gelebt und offene Ohren und Herzen für Sein Reden gehabt hatten. „Hatten" … war das nicht ein entsetzliches Wort?

Es waren schreckliche Dinge passiert. Unfassbare Dinge. „Jesus ist tot!" Es gellte noch immer schrill in ihren Ohren. All das, was ihnen wichtig war, worauf sie ihre Hoffnung, ihre Zukunft, ihre Träume gesetzt hatten – es zerplatzte wie eine Seifenblase im Wind.

Kennst du solche Situationen in deinem eigenen Leben? Es macht einfach alles keinen Sinn mehr. Deine Hoffnungen und Erwartungen sind geplatzt und so hast du dich für den Rückzug entschieden. Vielleicht stehst du gerade jetzt in einer heftigen Krankheitssituation oder in einer anderen Krise, die dein Leben mit einem Schlag zu begrenzen droht. Du hast das Gefühl, alleine gelassen zu sein und empfindest eine entsetzliche und beklemmende Hoffnungslosigkeit. Du hast viel mit dem Herrn erlebt, Bewahrung, Gnade und Wunder. Doch dann kommt etwas, was so gar nicht deinen Zielen und Wünschen, deinen Hoffnungen und Erwartungen entspricht. Dann kommt etwas, was wie eine Katastrophe aussieht. Aber das Schlimmste ist, dass du dich fühlst, als ob der Herr aus deinem Leben verschwunden ist. Er ist weg. Er, an den du dein Herz und Leben gehängt hast. Er, auf den du dich verlassen hast. Er, der dein Fundament war, das nun bedenklich instabil wackelt.

Und dann kommt der feind ganz leise und stellt die Dinge, die dir wichtig sind, in Frage: „Was hat dir das Ganze gebracht? Komm, gib auf, es lohnt sich ja doch nicht! Mach dir keine Hoffnung, es wird nicht mehr besser. End of story." Und dann triffst du eine Entscheidung und beschließt im Herzen: „Ja, ich gehe zurück!" Und unversehens befindest du dich auf deinem persönlichen Rückzug.

Auch die beiden Männer hatten Jerusalem und den chaotischen Ereignissen der letzten Tage den Rücken gekehrt. Ihre Schritte waren schleppend, ihre Köpfe gesenkt. Im wahrsten Sinne des Wortes wurden ihre Hoffnungen „durchkreuzt". Und während sie sich leise unterhielten, über all das Erlebte redeten und das Unbeschreibliche in Worte zu fassen versuchten, um sich im gegenseitigen Austausch zumindest etwas zu trösten, blieb doch die entsetzliche Frage nach dem Sinn des Ganzen. Warum nur war all das geschehen? Warum?

Aus persönlichen Gesprächen mit Menschen, die sich in Nöten befinden, weiß ich, dass sich die eigentlichen Fragen in schweren Lebenssituationen letztlich immer um das „Warum?" drehen. Wir erleben diese Frage so sehr schmerzhaft und fast immer scheint es keine Antwort zu geben. Viele Menschen fühlen sich dabei, als ob sie in einem Raum ohne Fenster und Türen eingesperrt wären, eingeschlossen in eigenem Schmerz und einer gnadenlosen Ohnmacht.
Was ich dir sagen möchte, ist jedoch: Auch wenn du diesen Schmerz eine Weile aushalten musst, weil der Herr deine Frage (noch) nicht beantwortet, gib nicht auf! Gib nie auf! Halte die Spannung aus – du wirst dadurch letztlich belastbarer – und vertraue trotz allem weiter, dass Gott alles in Kontrolle hat und

es zum Guten wenden wird. Bleibe auf dem Weg, den du begonnen hast, du wirst zum Ziel kommen, weil Gott dir versprochen hat, dich niemals alleine zu lassen, an jedem einzelnen Tag, bis ans Ende der Zeit. Kehr nicht um, geh nicht zurück! Bleibe mit dem Herrn im Gespräch, sage Ihm deine Befürchtungen, deine Ängste, deine Schmerzen. Geh mit Ihm durch deine Schuldgefühle, die Versäumnisse und anscheinend zerstörten Hoffnungen. Er wird dir immer Trost und Rat geben, wenn du neben Ihm auf der – manchmal – staubigen Straße deines Lebens gehst. Er ist da, hört dir zu und Er wird dir antworten.

Zu den beiden Wanderern auf dem Weg gesellte sich ein dritter. Irgendwie war er auf einmal da. Sein Mitgehen war von den beiden Männern eigentlich gar nicht richtig wahrgenommen worden. War er schon lange bei ihnen? War er vor oder hinter ihnen gegangen? Hatte er gehört, worüber sie sich Gedanken machten? Er machte ganz und gar keinen betrübten, nachdenklichen Eindruck und die beiden drückten ihr Erstaunen darüber aus:

Bist du der Einzige, der in Jerusalem weilt und nicht weiß, was dort geschehen ist in diesen Tagen?
Lukas 24,18

Kurz zuvor heißt es, *„dass ihre Augen gehalten wurden"*, so dass sie Ihn nicht erkennen konnten. Sie waren fixiert auf diesen undurchdringlichen Nebel von Gedanken, Erinnerungen, Verwirrung, Schmerz und der Katastrophe des Undenkbaren, des Kreuzestodes Jesu. Dass gerade in diesem Tod am Kreuz, in der Katastrophe, am Endpunkt aller menschlichen Möglichkeiten, der Beginn eines neuen Lebens lag, erfassten die beiden Männer noch nicht. Das, was wir denken, entspringt zumeist dem, was wir mit unseren Augen ansehen, worauf wir schauen, worauf wir uns konzentrieren, wovon wir uns festhalten lassen, womit wir uns beschäftigen. Daraus leiten wir unsere Entscheidungen ab, gute wie schlechte. Deshalb rät uns die Bibel, dass wir aufsehen (nach oben blicken) sollen auf Jesus, den Anfänger und Vollender unseres Glaubens.[35]

Jesus ließ die beiden Männer nicht so wie sie waren – wie überaus tröstlich! Er fragte sie ganz direkt: *„Was sind das für Reden, die ihr im Gehen miteinander wechselt?"* Mit anderen Worten: Womit beschäftigt ihr euch, was bedeutet diese Notsituation für euch, was passiert da gerade in eurem Leben? Was habt ihr jetzt vor? Wohin wollt ihr jetzt gehen? Jesus wollte wissen, was sie bedrückte, worüber sie redeten, was der Stein des Anstoßes auf ihrem Weg war. Er sah ihre Niedergeschlagenheit und hörte ihre Hoffnungslosigkeit: *„Wir aber hofften, dass er der sei, der Israel erlösen sollte!"*[36] Es scheint mir, dass die beiden Männer über soviel Interesse geradezu erleichtert waren und so begannen sie das, weshalb sie sich einst auf den Weg gemacht hatten, zu berichten: „Wir hatten gehofft …"

Was hilft uns, unsere Herzen wieder neu für Gott und Sein Reden zu öffnen, die harte Kruste aufzuweichen, wenn sich Hoffnungen zerschlagen haben und Ihm offen zu sagen, wie es um uns steht? Wie machte Jesus den beiden Männern Hoffnung in ihrer Trübsal? Nun, zunächst begann Er mit dem Zurechtrücken ihrer Gedanken. Sie hatten einfach ein falsches Gottesbild, Denkfehler, mangelnde Schriftkenntnis und ein unbewegliches „träges" Herz, das nicht zuließ, dass sie den Retter, den Auferstandenen, erfassen konnten. Jesus forderte sie heraus, dass sie ihr Selbstmitleid und ihre depressive Haltung ablegen

---
35 Hebräer 12,2
36 Lukas 24,21

sollten, denn etwas Neues, nie da Gewesenes hatte begonnen. Die Strategie des feindes zielt darauf ab, uns zu verleiten, uns in selbstgestrickte Gedanken zurückzuziehen und dort möglichst stehenzubleiben. Mein Gebet ist, dass ich nicht im Herzen als zu träge, schlaff, unbeweglich oder verkrustet erkannt werde. Jesus bemitleidete die Männer nicht, sondern erklärte ihnen den Sinn des Ganzen. Er legte ihnen aus, *„was in der ganzen Schrift von ihm gesagt war"*. Gott selbst musste durch Leiden – bis zum Kreuz – hindurchgehen:

Unsere Leiden – er hat sie getragen, und unsere Schmerzen – er hat sie auf sich geladen. Wir aber, wir hielten ihn für bestraft, von Gott geschlagen und niedergebeugt. Doch er war durchbohrt um unserer Vergehen willen, zerschlagen um unserer Sünden willen. Die Strafe lag auf ihm zu unserm Frieden, und durch seine Striemen ist uns Heilung geworden. Wir alle irrten umher wie Schafe, wir wandten uns jeder auf seinen eigenen Weg; aber der Herr ließ ihn treffen unser aller Schuld.
Jesaja 53,4-6

Es ist, glaube ich, das Unverständlichste für uns Menschen, wenn wir zu erfassen versuchen, dass Gott selbst litt, um sich mit unserem Leid vertraut zu machen. Er will, dass wir wissen, dass Er uns in den Krisen, den persönlichen Nöten und unserem tiefsten Leid nahe ist!

Während die beiden mit Jesus sprachen, bahnte sich die Wende an. Buße bzw. Umkehr wird im Griechischen mit „neu denken", „anders denken" bezeichnet, mit Loslassen der alten Denkprozesse und dem Sich-Öffnen für etwas völlig Neues. Umkehren heißt umdenken. Und kurz darauf sagten sie über diesen Wegabschnitt:

Brannte nicht unser Herz in uns, wie er auf dem Weg zu uns redete, und wie er uns die Schriften öffnete?
Lukas 24,32

Als Jesus auf die Einladung der Männer, mit ihnen zu essen, einging, geschah das eigentliche Wunder. Sie wurden sehend. Ganz plötzlich erkannten sie, wer und wie Er wirklich ist. Die Freude darüber, dass Er auferstanden ist und tatsächlich lebt, erfasste sie und setzte ganz neu Hoffnung und Vision frei. Plötzlich waren sie voller Tatendrang. Sie kamen im Natürlichen wie im Übernatürlichen in Bewegung. Und sie gingen nicht nur einen Schritt zurück, nein, sie liefen nonstop den ganzen Weg wieder zurück und begannen ganz neu wieder genau an dem Punkt, an dem sie aufgegeben und sich deprimiert zurückgezogen hatten.

Vielleicht sagst du: „Ja, wieder neu so angezündet zu werden von Gott, das wär's doch! Aber wie?" Ich denke, es ist gar nicht so schwer. Das, was wir zu tun haben, ist, Ihm neu die Tür zu öffnen, neu auf Sein Wort zu hören, uns neu auf den Weg zu machen, nach Ihm neu Ausschau zu halten und den Heiligen Geist neu zu bitten, in unserem Leben zu wirken. Lass dich heute neu entzünden, neu entfachen von dem „Mehr", das Gott für dein Leben hat. Er ist mit dir unterwegs – gerade jetzt und heute in deiner Situation. Auch in dem, was dir im Moment unverständlich erscheint und nicht in deine Pläne und Vorstellungen über deinen Lebensweg hineinzupassen scheint. Vertraue neu Demjenigen, der dein Leben in Seinen Händen hält. Dem, der mit dir unterwegs ist – an deiner Seite!

- Bleibe dabei, dich unter die Hand Gottes auf deinem Leben zu demütigen. Er weiß, was Er tut.
- Bleibe im Lesen, Forschen, Fragen und Verstehen des Wortes Gottes. Der Heilige Geist will es uns gerne erschließen, wenn wir darum bitten.
- Bleibe dabei, den Heiligen Geist immer wieder und immer mehr um Seine Führung in deinem Leben zu bitten.
- Bleibe dabei, um geöffnete Augen des Herzens zu beten.[37]
- Bleibe in der Freude des Herrn, lass sie dir nicht rauben, sie ist deine Stärke und unsagbar wichtig für dich.
- Bleibe in Lobpreis und Anbetung. Wir erheben dadurch Gott und Sein Handeln an uns und schließen die Tür für den feind.

Sei mutig und tritt, wie die Emmaus-Jünger, den Rückzug von deinem Rückzug an.

*Dieses Buch des Gesetzes soll nicht von deinem Mund weichen, und du sollst Tag und Nacht darüber nachsinnen, damit du darauf achtest, nach alledem zu handeln, was darin geschrieben ist; denn dann wirst du **auf deinen Wegen** zum Ziel gelangen, und dann wirst du **Erfolg haben**. Habe ich dir nicht geboten: **Sei stark und mutig**? Erschrick nicht und fürchte dich nicht! Denn mit dir ist der HERR, dein Gott, wo immer du gehst.*
Josua 1,8-9

In allem sind wir bedrängt, aber nicht erdrückt; keinen Ausweg sehend, aber nicht ohne Ausweg; verfolgt, aber nicht verlassen; niedergeworfen, aber nicht vernichtet.
2.Korinther 4,8-9

---

[37] Epheser 1,18-23

Die offene Tür

Unser Leben schien sich in eine entspannte Phase hineinzubewegen. Entspannt deshalb, weil ich den Eindruck hatte, dass alles relativ gut lief. Alle Kinder waren an ihrem Platz, Arbeit und Freizeit hielten sich in angemessener Weise die Waage, der Dienst und die damit verbundenen Aufgaben gestalteten sich segensreich. Ich empfand: „Alles gut!" Und dann kamen eben doch wieder Nachrichten, dass dies oder das attackiert und in Unruhe gebracht worden war. Das beschäftigte mich aufs Neue und war mir wirklich nicht unbekannt. Ich hatte so etwas schon oft erlebt und weiß, dass die Absicht dahinter ist, mich in meinem Lauf zu verlangsamen, aufzuhalten und letztendlich zum Stillstand zu bringen.

Wenn es dir im Moment ähnlich geht, möchte ich dich, während ich jetzt langsam zum Ende dieses Buches komme, mit einer Vision, einem prophetischen Bild, das der Herr mir schenkte, ermutigen.

Ich empfing dieses Bild vor einigen Jahren während einer frühen Morgenstunde. Ich lag wach und betete für die Dinge, die gerade wieder einmal so ernst waren. Da zeigte der Herr mir dieses Bild, das der Heilige Geist mir bis heute immer wieder in Erinnerung ruft, besonders dann, wenn ich mich bedrängt fühle. Wenn ich es heute sehe, muss ich lächeln, weil es mir schon so bekannt ist und irgendwie zu einem Teil meines Lebens wurde.

Ich sah eine Frau, die rannte. Sie trug altertümliche Kleider, wie wir sie aus manchen biblischen Gemälden und Zeichnungen kennen. Im Laufen bauschte sich der Rock und sie musste ihn vorne anheben, damit sie nicht darüber stolperte. Das Tuch auf ihrem Kopf war nach hinten gerutscht und die Haarsträhnen bewegten sich im Laufen auf und ab. Ich konnte ihren schnellen Atem hören, als sie auf ein imposantes Gebäude zulief. Vor diesem Gebäude standen zwei Soldaten, die eine riesige Tür bewachten. Sie trugen braune Lederbekleidung und schienen die Frau bereits zu kennen, denn sie schmunzelten, als sie sie kommen sahen. Ohne ein Wort zu wechseln, rissen sie die großen Türflügel für sie weit auf. Die Frau übersprang die drei Stufen vor der großen Tür und rannte, ohne ihre Geschwindigkeit auch nur im Geringsten zu verlangsamen, in den weiten, prachtvoll ausgestatteten Raum hinein. In dieser Säulenhalle war der Fußboden mit glänzenden Marmorplatten belegt. Es befanden sich einige Leute im Raum, die sich über Papierrollen beugten und sich angeregt unterhielten.

Als die Frau hereinkam, wurde es leise, aufmerksam schauten alle nach ihr. Sie hatte ein Ziel, und das war ganz am anderen Ende des Raumes. Dort stand ein großer Thron und alles war in helles Licht getaucht. Die Frau ließ sich vor dem Thron auf den Boden fallen und Tränen rannen über ihr Gesicht. Nein, sie war nicht mehr so entmutigt und aufgeregt, wie es noch vor wenigen Augenblicken der Fall gewesen war. Denn hier, an diesem Ort, gab es keinen Platz für Entmutigung, für Sorgen, für Unglücklichsein. Hier war alles hell, leicht, frei, zuversichtlich, voller Hoffnung – auch für ihre Anliegen. Sie wusste, dass es hier keine Ablehnung gibt und sie nicht zu fürchten braucht, dass sie ausgelacht wird, weil sie die Dinge, die draußen so schwer schienen, noch nicht ganz überwunden hatte. Nein, hier war die Hilfe, der Zuspruch, die Hand, die sie stützte, dass sie wieder aufstehen konnte. Hier im Licht sahen die Dinge anders aus. Hier war

Der, Der von sich selbst sagt: „Ich bin das Licht!" Hier war sie in der Gegenwart Gottes geborgen. Geborgen in dem Bewusstsein, dass der Vater im Himmel sich ihrer Sorgen annehmen würde. Hier war alles möglich. Glaubensmut und Zuversicht begannen in ihrem Herzen aufzusteigen. Tiefer Friede erfüllte sie.

Dieses Bild ermutigt und tröstet mich bis heute immer wieder, wenn es Situationen in meinem Leben gibt, die sich im Moment als scheinbar unlösbar und festgemauert darstellen. Ich weiß, dass ich selbst diese Frau bin, die – wieder einmal mehr – zum Thron der Gnade rennt und sich zu den Füßen des Herrn niederlässt. Das ist meine Zuversicht und Hoffnung. Er wird mich niemals vergessen noch verlassen, noch in irgendeiner Situation meines Lebens die Übersicht verlieren. Er hat immer eine Lösung für mich.

Vielleicht kannst auch du dich in der Rolle dieser Frau wiederfinden …

In der Heiligen Schrift finden wir die Bezeichnung „Thron der Gnade". Damit ist im Alten Testament die obere Abdeckplatte der Bundeslade gemeint, welche in manchen Übersetzungen auch Gnadenstuhl oder Sühnedeckel genannt wird. Die Bundeslade war aus Akazienholz und komplett mit Gold überzogen. Sie war nach genauen Anweisungen, die Gott Mose gegeben hatte, gebaut worden und stand im Allerheiligsten der Stiftshütte und später des Tempels. Cherubim überschatteten den Gnadenthron und die Herrlichkeit Gottes lagerte sich auf ihr. An diesen Sühnedeckel sprengte der Hohepriester am großen Versöhnungstag Yom Kippur das Blut der Opfertiere, die stellvertretend für die Sünde des Volkes geopfert werden mussten, um Vergebung zu erwirken.

Dann sollst du eine Deckplatte aus reinem Gold herstellen … Lege die Deckplatte oben auf die Lade … Und dort werde ich dir begegnen …
2.Mose 25,17+21-22

Im Neuen Testament wird dieses Thema im Hebräerbrief aufgegriffen und uns erklärt, dass Jesus stellvertretend für unsere Sünden am Kreuz Sein Blut vergoss, damit wir Vergebung empfangen können. Gott spricht den Sünder gerecht, wenn er das Blut Jesu für sich persönlich wissentlich und willentlich in Anspruch nimmt. Und so sagt uns der Hebräerbrief, dass Jesus selbst unser Hoherpriester geworden ist und wir deshalb – und nur deshalb – mit Freimütigkeit zu diesem Thron der Gnade kommen dürfen.

*Da wir nun einen großen **Hohenpriester** haben, der durch die Himmel gegangen ist, Jesus, den Sohn Gottes … Lasst uns nun **mit Freimütigkeit hinzutreten zum Thron der Gnade**, damit wir Barmherzigkeit empfangen und Gnade finden zur rechtzeitigen Hilfe!*
Hebräer 4,14-16

Freimütigkeit bedeutet: entschlossen, offenherzig, unverkrampft, entschieden, in Geradheit und Ehrlichkeit, mutig. Wir müssen uns nicht erst lange Mut zusprechen, um uns diesem Ort nahen zu können. Die Tür ist offen, so, wie wir kommen. Gott selbst möchte, dass wir dort, in der Gemeinschaft mit Ihm, Seine Barmherzigkeit und Gnade zur rechtzeitigen Hilfe empfangen, also zum genau richtigen Zeitpunkt, just in time. Und wir kommen nicht nur zum Thron der Gnade, um dort Buße und Vergebung zu empfangen, nein, es ist der Ort, an dem wir in die

Gemeinschaft mit unserem Herrn Jesus Christus „eintauchen" und vollkommen zur Ruhe und zum Frieden in Ihm gelangen. Es ist unser Zuhause.

Denn du hast gesagt: **Der Herr ist meine Zuflucht***; du hast den Höchsten zu deiner Wohnung gesetzt, so begegnet dir kein Unglück, und keine Plage naht deinem Zelt. Weil er an mir hängt, will ich ihn retten. Ich will ihn schützen, weil er meinen Namen kennt. Er ruft mich an und ich antworte ihm. Ich bin bei ihm in der Not. Ich befreie ihn und bringe ihn zu Ehren. Ich sättige ihn mit langem Leben und lasse ihn mein Heil schauen.*
Psalm 91,9+14-16

Die Namen des Herrn

JHWH – meist als Jahwe ausgesprochen – ist der direkte Eigenname unseres Gottes. Er besteht im Hebräischen aus nur 4 Konsonanten und bedeutet: „Ich bin" oder: „Ich bin, der ich bin". Er ist der Ewige, Unwandelbare, Immer-Gleichbleibende. Der da ist, der da war, der da kommt. Aufgrund einer überzogenen Interpretation des dritten Gebotes wurde der Name Gottes etwa ab dem Jahr 150 vor Christus, also lange nach dem Abschluss des Alten Testamentes, im Judentum nicht mehr ausgesprochen. Er wurde zwar als JHWH geschrieben, man sprach ihn aber so aus, als ob das Wort Adonai, „Herr", dastehen würde bzw. sagte Ha-Schem „der Name". Die meisten deutschen Bibelübersetzungen geben, anknüpfend an das Spätjudentum und entgegen dem eigentlichen Urtext, den Eigennamen Gottes JHWH als „HERR" wieder. Etwa 280-mal kommt es deshalb auch zu der Doppelung „Herr HERR". Im Urtext steht an dieser Stelle „Adonai JHWH".

Über 6800-mal kommt dieser einzigartige und erhabene Name, der ein sehr großes Spektrum an verschiedenen Bedeutungen besitzt, im Alten Testament vor.

Einige der wichtigsten Aspekte für uns sind:

Jahwe Jireh
Der Herr, der sieht, der Versorger
1. Mose 22,14

Jahwe Schalom
Der Herr ist Friede
Richter 6,24

Jahwe Rapha
Der Herr, der dich heilt, dein Arzt
2. Mose 15,26

Jahwe Nissi
Der Herr, mein Feldzeichen, mein Banner
2. Mose 17,15

Jahwe M'Kaddesch
Der Herr, der euch heiligt
3. Mose 20,8

Jahwe Ro'i
Der Herr ist mein Hirte
Psalm 23,1

Jahwe Zidkenu
Der Herr ist unsere Gerechtigkeit
Jeremia 23,6

Jahwe Shamma
Hier ist der Herr
Hesekiel 48,35

Jahwe Zebaoth
Der Herr der Heerscharen
1. Samuel 1,3

Diese unterschiedlichen Namen offenbaren einen kleinen Teil Seines Charakters und Seines ganzes Wesens. Es lohnt sich wirklich, sich damit zu beschäftigen.

Als wen kennst du Ihn?
Kennst du Ihn als deinen Retter?
Kennst du Ihn als den großen „Ich bin"?
Kennst du Ihn als deinen Arzt?
Kennst du Ihn als deinen Versorger?

In Psalm 91 wird dir versprochen, dass Gott denen antwortet, die Ihn lieben und die Seinen Namen kennen. Er wird in Zeiten der Not bei dir sein und in die Situation eingreifen und sie verändern:

Er liebt mich, darum will ich ihn retten. Er kennt meinen Namen, darum will ich ihn erhören. Er ruft mich an, darum will ich ihm antworten; Ich bin bei ihm in der Not, ich will ihn befreien und zu Ehren bringen.
Psalm 91,14-15

Die Voraussetzung dazu ist, Ihn zu lieben und Ihn zu kennen. Ist das in deinem Leben der Fall? Pflegst du eine intensive, liebende Beziehung zum Herrn? Es ist wichtig, dies zu jeder Zeit zu tun und nicht erst dann, wenn es dir schlecht geht. Dann ist nicht der richtige Zeitpunkt, um eine vertraute, innige Beziehung aufzubauen. Deshalb solltest du das vorher getan haben. Fange heute damit an!

*Kinder, lasst uns nicht lieben mit Worten noch mit der Zunge, sondern in Tat und Wahrheit! Hieran werden wir erkennen, dass wir aus der Wahrheit sind, und wir werden **vor ihm unser Herz zur Ruhe bringen**, dass, wenn das Herz uns verurteilt, Gott größer ist als unser Herz und alles kennt. Geliebte, wenn das Herz uns nicht verurteilt, haben wir **Freimütigkeit zu Gott**, und **was immer wir bitten, empfangen wir** von ihm, weil wir seine Gebote halten und das vor ihm Wohlgefällige tun.*
1. Johannes 3,18-22

Sei dir ganz sicher: Die wunderbare Wahrheit, die für dich ganz persönlich, jetzt, hier und heute gilt, heißt:

Gott hat wirklich mehr für dich!

Gottes-Haus-Shop
www.gottes-haus.de/shop

Gott hat mehr für dich! Band 1

Ermutigendes, Visionsgebendes und Auferbauendes für deinen Alltag

Zahlreiche Menschen fühlen sich in ihren problematischen Lebensumständen wie auf verlorenem Posten und sind von den Schwierigkeiten, die ihnen entgegenstehen, zermürbt und ausgebremst.

Gehörst du vielleicht dazu? Genau dann brauchst du Zuspruch, Fokussierung, Ausrichtung. Sei dir sicher: Gott will dich erlösen, befreien, heilen, beschenken, segnen und dir real begegnen. Du darfst und kannst siegreich sein und in die alle deine Lebensbereiche umfassende Fülle des Segens und der Versorgung Gottes hineinkommen.

Sigrids wichtigste Botschaft ist auch gleichzeitig der Titel dieses Buches: Gott hat mehr für dich!

ISBN 978-3-943033-29-8
Hardcover, 208 Seiten

Entdeckungsreise im Himmel

**Ein Buch, das die Kraft besitzt,
dein Leben zu verändern.**

In diesem visionären Buch über Entdeckungen in der himmlischen Wirklichkeit gibt Martin geistliche Erfahrungen und Eindrücke weiter, die ihm über einen Zeitraum von mehr als 10 Jahren geschenkt wurden.

Der erste Teil „Einblicke in die geistliche Welt" behandelt u. a. die Themen: Wo ist der Himmel?, Hineingeboren in die himmlische Realität, Hinzutreten zum Thron der Gnade, Eingesetzt im Himmel.

Im zweiten Teil „Entdeckungen in der himmlischen Dimension" beschreibt Martin in 40 Bildern, was ihm in der himmlischen Realität gezeigt wurde.

252 Seiten, Paperback
ISBN 978-3-943033-13-7

Das Reich, die Kraft und die Herrlichkeit

Ein Buch über das wichtigste Thema der Endzeit

Im ersten Teil beschäftigt sich Martin mit drei zentralen Aspekten, die Jesus in das bekannteste Gebet der Welt, das „Vaterunser", einfügte: das Reich Gottes, die Kraft und die Herrlichkeit. Millionen von Christen auf dem Erdkreis beten immer und immer wieder dafür.

Im zweiten Teil „Prophetien zu dem, was uns erwartet" sind einige aktuelle Worte, Texte und Visionen internationaler prophetischer Sprecher zu diesem Themenbereich wiedergegeben. Darin geht es u. a. um den Kampf zwischen Licht und Finsternis, die noch unerfüllten Verheißungen aus Joel 3 oder die „Timeline" des Himmels.

224 Seiten, Paperback
ISBN 978-3-943033-14-4

Mehr Infos:
www.gottes-haus.de/specials/reich-kraft-herrlichkeit

Gottes Haus –
Der Ermutigungsdienst

Gottes Haus – Der Ermutigungsdienst ist ein gemeinnütziges, überkonfessionelles, christliches Werk mit einem Herzen für Menschen, die mehr von Gott empfangen wollen.

Unsere Beiträge zur Ermutigung sind auferbauend, positiv, glaubensstärkend und immer auf Jesus hinweisend.
Unser Hauptthema ist: **Gott hat mehr für dich!**

Der Herr will uns erlösen, befreien, heilen, beschenken, versorgen, segnen und uns ganz real begegnen. Wir dürfen und können aus unserer persönlichen Wüste heraus- und in die alle Lebensbereiche umfassende Fülle Gottes hineinkommen.

Der Fokus unserer Arbeit liegt deshalb darauf, Menschen zu ermutigen, ihren Blick wieder auf Jesus zu richten und sein Eingreifen konkret in ihrem gesamten Leben zu erwarten – in Geist, Seele und Körper.

Dem übernatürlichen Wirken des Heiligen Geistes geben wir in unserem Dienst und unserer Arbeit allen Freiraum.
Unser Verlangen ist, dass unsere *„Predigt nicht in überredenden Worten der Weisheit besteht, sondern in Erweisung des Geistes und der Kraft, damit euer Glaube nicht auf Menschenweisheit, sondern auf Gottes Kraft beruhe"*.
(1. Korinther 2,4-5)

Unsere Verkündigung basiert auf der Bibel als dem inspirierten, einzig unfehlbaren und souveränen Wort Gottes. Wir glauben daran, dass die Heilige Schrift auch heute noch der ideale Leitfaden für alle Belange des Lebens ist.

Video-Message auf www.gottes-haus.de

Kurze, prägnante und motivierende
Ermutigung für dich, mehrmals pro Woche

Online-Newsletter

Bestelle den Online-Newsletter per E-Mail
von Gottes Haus und lass dich mehrmals
pro Woche neu ermutigen und inspirieren!
www.gottes-haus.de/top-menu/newsletter

Gott hat mehr für dich!

Der Gottes Haus-Freundesbrief per Post
www.gottes-haus.de/post

Biblische Wahrheiten

die dir wirklich weiterhelfen:
www.gottes-haus.de/
specials/was-dir-wirklich-hilft

Video-Seminare

Lehr- und Predigtvideos zu wichtigen Themen:
www.gottes-haus.de/
specials/video-seminare

Wir beten für dich

Sprich dein Gebet auf den Gottes-
Haus-Anrufbeantworter oder sende uns
eine E-Mail. Das Team von Gottes Haus
betet gerne für dich. Wir haben bereits
wunderbare Rückmeldungen erhalten,
u. a. bei Anliegen für Gesundheit, familiäre
Beziehungen, Kinderwunsch,
geschäftliche Aufträge …

Bete mit uns

Gebetsclips zum persönlichen Mitbeten für
verschiedene Lebenssituationen und Nöte,
auch zum Weiterempfehlen für Menschen
in schwierigen Lebensphasen:
www.gottes-haus.de/specials/bete-mit-uns

www.facebook.com/
GottesHaus

www.youtube.com/
gotteshausde

Menschen brauchen Ermutigung
Gottes Haus braucht deine Unterstützung

Gottes Haus wurde mit einer großen Vision gegründet, erhielt erstaunliche Verheißungen des Herrn und hat deshalb noch sehr viel vor.

Komm in eine Partnerschaft mit Gottes Haus und unterstütze den Dienst von Sigrid und Martin regelmäßig – durch dein Gebet und deine Spende, damit …

- Menschen unserer heutigen Zeit das Wort Gottes in einer für sie wirklich nachvollziehbaren Weise hören und verstehen
- Menschen die Botschaft von Rettung, Wiederherstellung, Heilung und Befreiung hören
- Menschen Gott real begegnen und das empfangen, was er an Segnungen für sie vorbereitet hat
- Menschen, die durch ihre Lebensumstände bedrückt und niedergeschlagen sind, wieder aufgerichtet und neu ermutigt werden
- Menschen neue Motivation, Inspiration und Vision für ihr Leben empfangen
- immer mehr Menschen erfahren: **Gott hat mehr für mich!**

Menschen brauchen Ermutigung
www.gottes-haus.de/spende

Spendenkonto:
BfS – Bank für Sozialwirtschaft

IBAN: DE61 5502 0500 0008 6412 00
BIC: BFSWDE33MNZ

Bleib mit uns in Kontakt

Inspiration per E-Mail

Der Gottes-Haus-Online-Newsletter:
Lass dich jede Woche ermutigen und inspirieren ...
kostenlos, jederzeit abbestellbar

Freundesbrief per Post

5- bis 6-mal pro Jahr Infos von Gottes Haus mit ermutigenden Texten, Zeugnissen, aktuellen prophetischen Worten, Events ...
kostenlos, jederzeit abbestellbar

info@gottes-haus.de
www.gottes-haus.de

Online bestellen unter:
www.gottes-haus.de/post